Lothar Bertels (Hrsg.)

Stadtgespräche

Lothar Bertels (Hrsg.)

Stadtgespräche

mit Hans Paul Bahrdt, Ulfert Herlyn,
Hartmut Häußermann und
Bernhard Schäfers

VS VERLAG FÜR SOZIALWISSENSCHAFTEN

Bibliografische Information der Deutschen Nationalbibliothek
Die Deutsche Nationalbibliothek verzeichnet diese Publikation in der
Deutschen Nationalbibliografie; detaillierte bibliografische Daten sind im Internet über
<http://dnb.d-nb.de> abrufbar.

1. Auflage 2008

Alle Rechte vorbehalten
© VS Verlag für Sozialwissenschaften | GWV Fachverlage GmbH, Wiesbaden 2008

Lektorat: Frank Engelhardt

VS Verlag für Sozialwissenschaften ist Teil der Fachverlagsgruppe
Springer Science+Business Media.
www.vs-verlag.de

Umschlaggestaltung: KünkelLopka Medienentwicklung, Heidelberg
Druck und buchbinderische Verarbeitung: Krips b.v., Meppel
Gedruckt auf säurefreiem und chlorfrei gebleichtem Papier
Printed in the Netherlands

ISBN 978-3-531-15946-1

Inhaltsverzeichnis

Vorwort

Die vorliegenden Texte beruhen auf Gesprächen mit den Soziologen Hans Paul Bahrdt, Ulfert Herlyn, Hartmut Häußermann und Bernhard Schäfers, die zur Ergänzung des Lehrangebots der FernUniversität in Hagen durchgeführt wurden. Anlass war das Interesse, die schriftliche Lehre des Fernstudiums um die visuelle Komponente zu erweitern und den Studierenden die Autoren der Lehrbriefe und deren zentralen Themenstellungen näher zu bringen. Das Gespräch mit Hans Paul Bahrdt (1994 verstorben) wurde 1989 in Göttingen aufgenommen, das mit Hartmut Häußermann in Berlin, mit Ulfert Herlyn in Hagen und die Aufnahmen mit Bernhard Schäfers fanden in Karlsruhe statt – alle im Jahr 2007 in den jeweiligen Dienstäumen der Hochschulen.

Hier liegen die Transkriptionen von Gesprächen vor, die vor Fernsehkameras geführt wurden. Die Interviewpartner haben sprachliche Unebenheiten bereinigt, einige Passagen gestrichen und an der einen oder anderen Stelle kleinere Ergänzungen vorgenommen. Der Gesprächsduktus wurde dabei nicht beeinträchtigt.

Alle Interviewpartner waren ohne weiteres bereit, sich auf die soziologischen Stadtgespräche vor der Kamera einzulassen. Als grobe Orientierung wurden ihnen die Themenbereiche vorgegeben. Die Beteiligten konnten somit frei und ad hoc reagieren und einen Gedanken spontan entwickeln und vorantreiben.

Die nachträgliche Durchsicht der wörtlichen Transkription dieser Gespräche löste bei den Beteiligten eine skeptische Haltung aus. Wer gewohnt ist, vom wissenschaftlichen Text her zu denken, dem erscheint so mancher gesprochene Satz als problematisch oder gar unangemessen. Andererseits ist die durch das Gespräch erzielte Authentizität für den Leser eher reizvoll.

Vieles wird sehr lebendig und pointiert formuliert und bietet auf diese Weise einen besonderen Zugang zum soziologischen Verstehen der Stadt als sozial-räumliches Phänomen.

Die Thematik ist so gewählt, dass zentrale Felder des stadtsoziologischen Denkens aufgenommen und diskutiert werden konnten.

Ein weiterer Aspekt kommt hinzu. In den Gesprächen werden die jeweiligen charakteristischen Zugänge der soziologischen Betrachtung von Stadt und Raum deutlich. Als akademische Persönlichkeiten treten sie dadurch in besonderer Weise hervor.

Die Gesprächspartner sind ausnahmslos erfahrene Wissenschaftler von Rang, die über eine hohe fachliche Reputation verfügen. Von ihren Veröffentlichungen gehen nachhaltige Impulse aus, die für die Wissenschaftlerinnen und Wissenschaftler wie auch die Studierenden des Fachs Soziologie insgesamt große Wirkung hatten und nach wie vor haben. Sie wurden über Themen befragt, mit denen sie sich über längere Zeiträume im Zuge ihrer wissenschaftlichen Arbeit intensiv befasst haben.

So sind etwa „Die moderne Großstadt" von Hans Paul Bahrdt (zuerst 1961), die „Neue Urbanität" von Hartmut Häußermann und Walter Siebel (1987), die (bislang) vier „Wolfsburg-Studien" (ab 1967) von Ulfert Herlyn und anderen sowie die „Architektursoziologie" von Bernhard Schäfers (2003) nach wie vor wegweisend.

In diesen Interviews wird jedoch nicht nur das spezifische Denken dieser Soziologen sichtbar, sondern es kommen auch ihre Persönlichkeiten als Wissenschaftler zum Ausdruck.

Auch dafür sei Hans Paul Bahrdt, Ulfert Herlyn, Hartmut Häußermann und Bernhard Schäfers gedankt.

L. B.

Einleitung

Lothar Bertels

„Der Stadtraum ist alles in einem: öffentlicher und privater Raum, bebauter Ort und imaginäre Welt. Wir sind sicher: Es gibt die eine unverwechselbare Stadt, aber wenn wir uns ein Bild von ihr machen wollen, dann stellen wir fest, dass es so viele Bilder und so viele Perspektiven von ihr gibt wie Menschen, die darin leben."

Diese Sätze des Historikers Karl Schlögel (2007: 23) bezeichnen die Themenbereiche der Stadtgespräche. Unsere Zivilisationsgeschichte haftet den Orten an. Die Spuren sind an der räumlichen Struktur ablesbar. In Städten laufen die Lebensgeschichten von Millionen Menschen zusammen. Vieles wurde über Generationen geschaffen und oft genug schlagartig zerstört.

Aufstieg und Niedergang von Kulturen sind an den Straßen, Flussläufen, Eisenbahnlinien, Gebäuden und Plätzen ablesbar: Das Bild der Gesellschaft steht auf dem Boden geschrieben.

Lebensformen und sich verdichtende Alltagspraktiken lassen sich in den Orten und den Interieurs rekonstruieren. Wir können also unsere Städte lesen. Dabei kommt es allerdings immer auf die Lesart an. Hier handelt es sich um Lesarten von Soziologen.

Die kleine Einführung in die Stadtsoziologie und das daran anknüpfende Gespräch mit Hans Paul Bahrdt wurde als älterer Text hinzugenommen. In seiner Wissenschaftskarriere hat er sich auch mit Kultursoziologie, Familiensoziologie sowie mit Wissens- und Wissenschaftssoziologie befasst. Zunächst (1957) setzte er als Industriesoziologe starke Impulse für die Sozialforschung und verband phänomenologische Situationsanalyse und Gesellschaftstheorie mit quantitativen Methoden. Erzwungenermaßen war Hans Paul Bahrdt für damalige Zeiten ein „Spätentwickler", hatte nach Kriegsteilnahme und Gefangenschaft mit 27 Jahren das Studium mit den Fächern Philosophie, Geschichtswissenschaft und Germanistik in Göttingen und Heidelberg aufnehmen und 1952 mit einer geschichtsphilosophischen Dissertation bei Helmuth Plessner abschließen können.

Als akademischer Lehrer und Forscher eröffnete er neue Forschungsfelder und setzte weitere Impulse für die Professionalisierung der Sozialforschung. Die Wissenschaftsorganisation war für ihn nach den Prinzipien des Handwerksbetriebs durchzuführen. Getrieben von soziologischer Neugier „wilderte er in Nachbars Garten", sah das Fach nicht als Einzelwissenschaft, sondern als Beitrag zur Deutung von gesellschaftlichen Entwicklungen. Für ihn war es die Eigenart des zu untersuchenden Gegenstands, die entscheiden sollte, was für eine Erklärung heranzuziehen ist. Sich auf die Probleme der Zeit einlassen, genau beobachten und eine reflektierte Distanz entwickeln, darum ging es ihm. Auch als Gelehrter mischte er sich ein, etwa als es 1961 im Streit der SPD mit ihrer studentischen Nachwuchsorganisation für den SDS (Sozialistischer Deutscher Studentenbund) Stellung bezog oder als mit seiner Mithilfe die Sozialplanbestimmungen 1971 in das Städtbauförderungsgesetz aufgenommen wurden.

Im Jahr 1961 erschien das Werk „Die moderne Großstadt", das sich an Architekten, Stadtplaner und Soziologen wandte. Es wurde in mehrere Sprachen übersetzt und liegt als Neuausgabe (von Ulfert Herlyn) wieder vor. Dieses Werk ist noch heute eine bedeutende Grundlage für die Stadt- und Regionalsoziologie. Auch seine Bücher „Humaner Städtebau" (1968) und „Umwelterfahrung" (1974) sind hier wegweisend.

Hans Paul Bahrdt war ein „Spezialist der Unspezialisiertheit" (Herlyn 1998), der vor allem „durch seine Originalität und immer wieder überraschende Anregungsqualität überzeugte." (Baethge/Schumann 1994)

In dem folgenden Text eröffnet Hans Paul Bahrdt kurz und anschaulich einen Zugang zur Stadtsoziologie, nennt deren Ziele und Fragestellungen, setzt sie ins Verhältnis zu Planung und Politik und verweist auf den geistesgeschichtlichen Hintergrund.

Nur in der Stadt entsteht eine besondere Lebensform und Kultur, die aber auch gefährdet ist. Den Entdeckungen im Alltäglichen sind Befunde affiner Wissenschaften wie z.B. Ökonomie, Stadtplanung, Architektur, Demographie und Geschichte hinzuzufügen. Das „Wildern in Nachbars Garten" ist nach Bahrdt zentral für eine wissenschaftliche Befassung mit der Stadt.

In dem anschließenden Gespräch werden die Vorläufer der modernen Stadtsoziologie diskutiert. Darüber hinaus geht es um den planerischen Versuch mit den sozial-räumlichen Verwerfungen der mit der Industrialisierung einhergehenden Verstädterung umzugehen sowie die Bedeutung von Nachbarschaften und konstruierten Gemeinschaften etwa in Form der Gartenstadt zu hinterfragen.

Mit Ulfert Herlyn, der sich als Schüler von Hans Paul Bahrdt sieht, gerät die Forschung in den Focus der Diskussion. Dabei werden konzeptionelle Überlegungen sowie die Durchführung und Resultate von bedeutsamen Stadtforschungsprojekten thematisiert.

Der Schwerpunkt seiner Projekte liegt in der Auseinandersetzung mit sozialen Ungleichheiten in Städten. Diese hat Herlyn unter verschiedenen Gesichtspunkten in zahlreichen Forschungsprojekten untersucht: Segregation, Infrastruktur, Armut, Milieu, Lebensstile, sozialer Wandel.

Sein Forschungsschwerpunkt liegt in der Gemeindestudie. Herausragende und prominente Beispiele sind die Wolfsburg-Studien aber auch das Gotha-Projekt. Mit diesen Studien konnte die Fruchtbarkeit der replikativen Soziologie bei Forschungen über den sozialen Wandel unter Beweis gestellt werden. In seinen Projekten haben Befragungen von Bewohnerinnen und Bewohnern wie auch das Leben der Forscher am Untersuchungsort einen hohen Stellenwert.

Als Wissenschaftler bewegt sich Ulfert Herlyn im Spannungsfeld zwischen Grundlagenforschung und Anwendungsorientierung, zwischen mehr theoretisch und mehr empirisch ausgerichteter Stadtsoziologie. (Harth/Scheller/Tessin (Hrsg.) 2000: 9)

In dem Gespräch beschreibt er zunächst den eigentümlichen Impuls für die Befassung mit Stadt und Gemeinde. Wie die Verknüpfung von räumlicher Organisation und sozialem Handeln untersucht wird, kommt in den unterschiedlichen Ansätzen der Gemeindestudien zum Ausdruck, wobei sie in ihren jeweiligen theoretischen und methodischen Besonderheiten hervorgehoben werden. In diesem Zusammenhang kommt der Frage nach dem Für und Wider von Panel-Studien eine besondere Bedeutung zu. Dies wird am Beispiel der Wolfsburg-Studien erläutert. Die bislang vier Studien haben innerhalb der deutschen Stadtforschung eine herausragende Bedeutung. Immerhin wird Wolfsburg seit etwa einem halben

Jahrhundert unter maßgeblicher Beteiligung von Ulfert Herlyn systematisch erforscht, obwohl diese Abfolge zunächst keineswegs geplant war.

So wurde in der ersten Studie (nach acht Jahren Forschung 1967 veröffentlicht) der Prozess der Stadtwerdung und die gemeindliche Integration, insbesondere von Flüchtlingen und Vertriebenen, untersucht.

In der zweiten – zusammen mit Wulf Tessin als Follow-Up-Studie angelegten Forschung – griff man die Integrationsthematik zu Beginn der 1980er Jahre erneut auf. Inzwischen waren Gastarbeiter hinzugekommen und Wolfsburg hatte Eingemeindungen zu verarbeiten.

In der dritten Studie, 1997 gestartet, wurden die Auswirkungen der Strukturkrise des VW-Werks und ihre Bewältigung sowie der Formwandel lokaler Integration thematisiert.

In der vierten Studie – ab 2007 – wird mit der „zweiten Gründerzeit" eine neue Phase der Stadtentwicklung untersucht. Werk und Stadt sind im Kontext von Großprojekten wie Innovationscampus, Personalserviceagentur, Zuliefererpark und Erlebniswelt über städtebauliche Herausforderungen eine neue Verbindung eingegangen.

Eine Stadt ist in den gesellschaftlichen Wandel eingebunden. Darauf muss Forschung angemessen reagieren. Stadtwerdung, die Integration von Flüchtlingen, Vertriebenen, Gastarbeitern und die Eingemeindungen wie auch die Entwicklung des VW-Werks zum „global player" sowie die Auswirkungen auf die Qualifikationsstruktur der Beschäftigten und auf die Stadtstruktur und das Stadtbild fordern die Stadtsoziologie heraus. Können sich die Menschen hier heimisch fühlen, entwickeln sie so etwas wie eine Ortsidentität? Diese Fragen lassen sich nur – so die Überzeugung von Ulfert Herlyn – in einem Team bearbeiten. Das Zusammenspiel von Wissenschaftlern mit unterschiedlicher Vorerfahrung unterliegt gruppendynamischen Prozessen. Mal ist dies befruchtend, manchmal auch mit Problemen verbunden, immer jedoch spannend.

Mit den Gotha-Studien (zusammen mit dem Herausgeber durchgeführt) wurde der gesellschaftliche Umbruch nach der Wende am Beispiel einer thüringischen Mittelstadt untersucht, um Einblicke in die sozialen Lebensverhältnisse und die Verarbeitung des gesellschaftlichen Wandels am Beispiel zu erfassen. Hierbei ging es um die Wende in der Stadt Gotha. Der Systemumbruch bot die einmalige Chance, die Art und den Umfang der Bewältigung vor Ort zu untersuchen. Wie in den Wolfsburg-

Studien wurde für die Untersuchung ein Methodenmix verwendet, wobei in Gotha als Novum die filmische Dokumentation seit 1990 eingesetzt wurde. Zudem konnte anhand von Haushaltsbüchern das Konsumverhalten seit Einführung der DM erkundet werden. Auch hierbei handelt es sich um eine Wiederholungsstudie.

Die Reichweite von Gemeindestudien vor dem Hintergrund von surveys, ihre Perspektiven und neuen Aufgaben werden auch mit Blick auf die neu entstehenden Großstädte in China diskutiert. Zudem wird erörtert, worin die Perspektiven der Stadtforschung auf dem Hintergrund von Globalisierungsprozessen, sozialen Ungleichheiten in städtischen Teilräumen und schrumpfenden Städten begründet liegen.

Welche Bedeutung Stadt- und Gemeindestudien heute zukommt und worin die besonderen Herausforderungen und Perspektiven für stadtsoziologische Forschung bei zunehmender Inanspruchnahme umfangreicher Datensammlungen wie etwa den surveys bestehen, wird anschließend von Herlyn nachgegangen.

Während Ulfert Herlyn über seine Vorstellungen von kirchlicher Arbeit per Zufall mit dem Thema Gemeindesoziologie in Verbindung kam, war es bei Hartmut Häußermann die gesellschaftliche Konfliktlage, die aufgrund der Flächensanierungen zu Beginn der 1970er Jahre in Berlin entstand. Politisch interessiert und öffentlich engagiert sich Hartmut Häußermann seit Mitte der 1960er Jahre. In jüngerer Zeit schlug er beispielsweise die Einführung eines Quartiermanagements vor, um vor allem die wachsende soziale Polarisierung im städtischen Raum und die Gefahr der Ausgrenzung von Bevölkerungsgruppen zu verringern. Zudem leitete er die Evaluation des Bund-Länder-Programms „Die soziale Stadt" (1995).

Macht- und Partizipationsfragen, soziale Ungleichheiten, Ausgrenzung und Integration, die Konsensfindung zwischen öffentlichen und privaten Interessen wurden zu zentralen Themen, mit denen sich Hartmut Häußermann, oft in Zusammenarbeit mit Walter Siebel, auf der soziologischen Mesoebene Stadt auseinander gesetzt hat. Ein neues Verhältnis zwischen staatlichem Handeln und bürgerschaftlichem Mitwirken sowie öffentlich-private Partnerschaften kennzeichnen jene zivilgesellschaftlichen Strukturen, die derzeit auf der Tagesordnung stehen.

Zunächst geht er auf den Zusammenhang von Stadtsoziologie und Soziologie ein, weist dann auf die sich wandelnden Problemstellungen und Schwerpunktsetzungen der Stadtsoziologie hin, wobei den neuen Formen der Steuerung von Stadtentwicklung insbesondere vor dem Hintergrund der demographischen Entwicklung ein hoher aktueller Stellenwert zukommt.

Der städtische Handlungsrahmen ist mehr und mehr von der Kooperation zwischen Staat und Zivilgesellschaft bestimmt. Der Blick in die USA unter dem Aspekt von community zeigt uns die Besonderheit der bundesdeutschen Situation.

Dass die neuen Informations- und Kommunikationstechnologien die sozialen und ökonomischen Beziehungen verändern, dass es zu Prozessen der Entlokalisierung kommt, ist die eine Ebene. Auf der anderen kommt es zu einer Revitalisierung der Innenstädte und einer Verjüngung der dort wohnenden Bevölkerung, einschließlich des Zuwachses von Familien in der Expansionsphase.

Was urbanes Leben ausmacht, als Geisteshaltung wie auch als besonderer Lebensstil, wird auch unter der Frage diskutiert, ob städtisches Leben ohne Stadt möglich ist.

Dabei hat die veränderte urbane Geisteshaltung – wie von Georg Simmel bereits um die Wende vom 19. zum 20. Jahrhundert in den Kernpunkten beschrieben – eine besondere Bedeutung. Neu ist vor allem die Chance der unräumlichen Kooperationsmöglichkeiten (etwa über das Internet). Ob die Großstadt eine hinreichende oder notwendige Bedingung für ein urbanes Leben ist und welche Bedeutung der Fremde hat, wird von Häußermann diskutiert.

Die gesetzliche Vorgabe, gleichwertige Lebensbedingungen der Menschen in allen Teilräumen der Bundesrepublik zu bieten, stellt gerade vor dem Hintergrund der Vereinigung von alten und neuen Bundesländern sowie der demografischen Entwicklung eine besondere Herausforderung für Städte und Regionen dar. Das wirkt sich vor allem auf die Bereiche Integration, Bildung und Kultur aus.

Die künftige Stadtentwicklung wird sich mit demografischen Schrumpfungsprozessen, wachsenden Ungleichheiten, Benachteiligungen und der Integrationsthematik befassen müssen. Dies bedarf eines interdisziplinären Zugriffs, der auch gelernt werden muss. Was sollen Stadt- und Regionalsoziologinnen und -soziologen lernen, welche Kompetenzen sollen sie im Studium erwerben, welche weiteren Qualifikationen benötigen

Absolventinnen und Absolventen – und welchen Beitrag können sie für gesellschaftliche Probleme in der Stadt und der Region leisten? Das führt zu der Frage nach den Arbeitsfeldern wie auch den Anforderungen, die an die Bachelor- und Masterstudiengänge zu stellen sind.

Vielseitigkeit und Facettenreichtum kennzeichnen die soziologischen Arbeiten von Bernhard Schäfers. Das Spektrum reicht von Schriften zur Allgemeinen Soziologie, der Geschichte der Soziologie, Sozialstruktur-analysen bis zu Jugend und Technik. Viele davon sind als Einführungen und Nachschlagewerke konzipiert und einiges – wie der jüngere Band zur Architektursoziologie – dient der Orientierung für aktuelle Problemstellungen in dieser Disziplin. Bernhard Schäfers fühlt sich der Lehre verpflichtet.

Gleichwohl sind seine Verbindungen zum Städtebau und zur Architektur von besonderer Bedeutung. Darauf weisen auch die frühen Aktivitäten als Mitglied des Beirats für Raumordnung der Bundesregierung und die Mitgliedschaft in der Deutschen Akademie für Städtebau und Landesplanung hin. Auf der Tagung der Deutschen Gesellschaft für Soziologie in München gab er 2004 den Impuls für eine eigenständige Befassung mit der Architektur als Thema der Standesorganisation. Von herausragender Bedeutung sind für Bernhard Schäfers die Themen Planung und Öffentlichkeit, wobei er Planung als Praxis der Wissenschaft begreift.

In dem Gespräch bringt Bernhard Schäfers sein Interesse an Städten und der Architektur mit autobiografischen Erfahrungen in Verbindung. Für die Architektursoziologie identifiziert er vor allem Wilhelm Heinrich Riehl und Georg Simmel als Pioniere und sieht die Besonderheiten der Architektur- gegenüber der Stadtsoziologie vor allem in der Nähe der Artefakte. Von dem Gebauten – seien es Gebäude, öffentliche Räume oder Plätze – geht eine relative Beständigkeit aus. Aber auch sie unterliegen einem Nutzungs- und Bedeutungswandel, der mit gesellschaftlichen wie auch generationsspezifischen Veränderungen in Verbindung steht. Hierzu haben Norbert Elias und in der Folge weitere Autoren einen erklärenden Zugang mit dem Entwicklungsprozess von zivilisatorischen Standards gesucht.

Ein weiterer fester Tatbestand unserer Umwelt ist, dass wir von Zeichen und Symbolen umgeben sind. Worin deren besondere Bedeutung liegt, wird anhand von Beispielen dargestellt. Den Zusammenhang von menschlichem Verhalten und urbanem Leben und Architektur erläutert Schäfers anhand unterschiedlicher historischer Etappen (Antike, Feudalismus, Postmoderne), indem er den sozialen Tatbestand an Beispielen erläutert.

Um den Einfluss des gesellschaftlichen Wandels auf die Nutzung von Gebäuden zu konkretisieren, deutet er auf die wechselvolle Geschichte des Bundesfinanzministeriums in Berlin hin.

In Stadt und Region haben Wahrzeichen und Markierungspunkte (z.b. Kirchen, Schlösser, Bahnhöfe) eine besondere Bedeutung für das Zugehörigkeitsempfinden und die Identitätsbildung der Menschen. Dies ist gerade dann wichtig, wenn gesellschaftliche Veränderungsschübe die gewohnten baulich-räumlichen Strukturen auseinandernehmen und neu zusammensetzen.

Die Gartenstadtbewegung ist ein Produkt des Umgangs mit den Auswirkungen von Industrialisierung der Verstädterung bzw. der revolutionären Veränderung unserer Werteorientierung (Aufklärung) und den technologischen Entwicklungen (Dampfmaschine, Eisenbahn etc.). Auch diese Fragestellung wird an einem Fallbeispiel verdeutlicht.

In unserer globalisierten Welt geht es vor allem um die Auswirkungen von Beschleunigungsprozessen in Folge der neuen Informations- und Kommunikationstechnologien für die öffentlichen Räume und die sozialen Beziehungen. In diesem Kontext ergeben sich neue Fragen hinsichtlich der Partizipation an der sozial-räumlichen Organisation der (Stadt) Gesellschaft. Hierzu sind gesellschaftliche Lernprozesse unabdingbar. Dass Architektur und Wohnen ein Lernfach in der Schule sein sollte, davon ist Bernhard Schäfers überzeugt, denn Ästhetik, Architektur, Wohnung, Wohnquartiere und Städte haben eine hohe Bedeutung für den Lebensalltag der Menschen.

Literatur

Bahrdt, Hans Paul 1998: Die moderne Großstadt, hrsg. von Ulfert Herlyn, Opladen
Harth, Annette; Scheller, Gitta; Tessin, Wulf (Hrsg.) 2000: Stadt und soziale Ungleichheit, Opladen

16

Schlögel, Karl; Schenk, Frithjof Benjamin; Ackeret, Markus (Hrsg.) 2007: Sankt Petersburg. Schauplätze einer Stadtgeschichte, Frankfurt a.M./New York

Baethge, Martin, Schumann, Michael 1994: Nachruf: Zum Tode von Hans Paul Bahrdt, in: Soziologie 4/1994

Stadtgespräch mit Hans Paul Bahrdt

1989

Hans Paul Bahrdt

Stadtsoziologie – eine Einführung

Unter Stadtsoziologie versteht man meist eine spezielle Soziologie, deren Arbeitsfelder aber doch sehr gestreut sind. Es wäre falsch, hier scharfe Grenzen zu ziehen. Die heutige Stadtsoziologie hat recht praktische Themen zu bearbeiten. Daraus ergeben sich ständig Berührungen mit anderen Disziplinen, z.B. der Stadtplanung, der Stadtgeschichte, der Wohnungsbau-Architektur, aber auch mit den Wirtschaftswissenschaften. Erst recht gilt dies für die anderen Teilgebiete der Soziologie. Wer sich Gedanken über den Wohnungsbau macht, der muss etwas über Familienstrukturen wissen. Wer herausfinden will, warum manche Wohngebiete einen Niedergang erleben, muss etwas von Problemgruppen verstehen usw.

Sicher hat die Stadtsoziologie einen Hang zum Pragmatischen, zur Lokalpolitik, weniger zur großen Politik. Entsprechend spielen auch empirische Methoden in diesem Zweig der Soziologie eine große Rolle, z.B. Befragungstechnik, quantitative Methoden. Vor allem muss der Stadtsoziologe etwas von Bevölkerungsstatistik verstehen, wenigstens soviel, dass er aus den Zahlen, an die er herankommt, keine falschen Schlüsse zieht. Was steht dahinter, wenn die Einwohnerzahl einer Stadt im Laufe der Jahrzehnte schneller wächst, als die anderer Städte? Gibt es einen starken Geburtenüberschuss? Hängt dieses mit einer besonderen Altersstruktur zusammen? Ist diese vielleicht durch starke Zuwanderung jüngerer Ehepaare entstanden? Oder sind überhaupt größere Wanderungsgewinne festzustellen? Oder aber: das Wachstum ist auf eine Reihe von Eingemeindungen zurückzuführen, die ja je nach politischer Lage manchmal schubweise stattfinden, dann wieder stagnieren.

Es wäre aber falsch, in der Stadtsoziologie nur eine ganz pragmatische gegenwartsbezogene Disziplin zu sehen. Schon unsere Bemerkungen zur Bevölkerungsentwicklung verweisen ja darauf, dass es nützlich sein dürfte, sich mit der Sozialgeschichte der Städte zu befassen, nicht nur, um Ursprünge von Teilstrukturen heutiger Städte ausfindig zu machen, sondern auch, um gewissermaßen Gegenbilder zur modernen Stadt zu entdecken, die ein ganz anderes Bild zeigen – ich denke etwa an die antike und die mittelalterliche Stadt – um daraus die richtigen Fragen an die Gegenwart zu entwickeln.

Dies läuft auf die Konstruktion von Stadttypen hinaus. Und dies erfordert auch theoretische Anstrengungen. Ganz so pragmatisch und empirisch, wie es den Anschein hat, ist die Stadtsoziologie nicht, oder sollte es nicht sein.

Es ist gut, sich zu vergegenwärtigen, dass die moderne Stadtsoziologie auf einem geistesgeschichtlichen Hintergrund entstanden ist, nämlich auf dem der „Großstadtkritik", die es seit Jahrhunderten gibt, und sich in vielen Zeugnissen, vielfach belletristischer Art niedergeschlagen hat. Großstadtkritik gab es schon in der Antike, ferner in der Renaissance, im 18. Jahrhundert, vor allem aber im 19. und beginnenden 20. Jahrhundert, als überall Industriegroßstädte aus dem Boden schossen. Viele Autoren klagten mit Recht über die turbulenten Zustände und das Elend in den rasch wachsenden Massenquartieren. Es gab freilich auch unseriöse Aussagen, die in romantischer Weise das „heile Dorf" der modernen Großstadt gegenüberstellten oder gar von „Blut und Boden" schwärmten. Aber aus solcher romantischen Großstadtkritik sind auch Reformbewegungen entstanden. Ich erinnere an die Gartenstadtbewegung seit der Jahrhundertwende und an die Kleinsiedlungs- und Nachbarschaftsbewegung. Daraus sind ernstzunehmende Stadtplanungskonzepte entstanden, obwohl das Ziel meistens doch war, eine Stadt zu planen und zu bauen, die so wenig „Stadt" ist wie möglich.

Es ist meines Erachtens ein Verdienst der neueren Stadtsoziologie gewesen, dass sie auch gefragt hat: Was macht nun eigentlich das Wesen der Stadt aus? Gibt es nicht bestimmte Lebensformen und eine Kultur, die spezifisch städtisch sind, und die sich vom Leben auf Dörfern oder auch in Kleinstädten der Vergangenheit unterscheiden?

Bietet nicht die eigentümliche Polarität von „Öffentlichkeit" und „Privatheit" eine Grundlage für großstädtisches Leben mit besonderen Kommunikations- und Interaktionschancen, auf die wir nicht verzichten wollen, und die auch gewisse Voraussetzungen für ein demokratisches politisches Leben schaffen?

Freilich entdeckten die Stadtsoziologen auch, dass gerade die neueste Stadtentwicklung einen Teil der zwar nicht ganz alten aber doch traditionalen Grundlagen städtischen Lebens wieder zu zerstören im Begriff ist. Zu nennen wäre hier der antisoziale Charakter des modernen Straßenverkehrs, wenig durchdachte Hochhaus-Viertel, in denen sich keine vernünftige Nachbarschaft, aber auch keine Quartiersöffentlichkeit entwickeln können, ferner die fortschreitende soziale Segregation, die unterprivilegierte soziale Gruppen genau genommen aus der städtischen Gesellschaft ausschaltet. Zu nennen wäre hier auch das Zerfließen der Städte in die Landschaft, die immer weniger zugänglich wird, was aber keineswegs zur Entwicklung eines neuen Dorftypus führt.

Gerade die Beobachtung der alltäglichen Details im Prozess der explodierenden Städte lässt zurückfragen, nach den Strukturprinzipien städtischen Lebens, wie sie zwar nicht zu allen Zeiten sich entfaltet hatten, die aber doch wohl auch heute noch Geltung haben sollten, wenn man sich eine große Stadt mit öffentlichem Leben und städtischer Kultur wünscht, in der private Freiheit genauso wie öffentliche Kommunikation und Interaktion sich gegenseitig ergänzen. Dies alles erfordert auch theoretische Bemühung und historische Besinnung. Nur auf diesem Umweg können dann auch hilfreiche pragmatische Vorschläge von soziologischer Seite für die Verkehrsplanung, den Wohnungsbau, die Innenstadtplanung und auch den Denkmalschutz entstehen.

Man kann eine ganze Menge aus der Vergangenheit lernen, aber nicht wenn man sie kopiert, sondern wenn man sie kapiert. Das geht nicht ohne Theorie. Natürlich bedarf es auch theoretischer Analysen der sozialökonomischen Verhältnisse, z.B. die Dynamik des Grundstückmarkts und der räumlichen Auswirkungen der Platzierung der Arbeitsstätten, insofern sie Großbetriebe sind und sich aus den Wohngebieten herauslösen. Entmischung bzw. Entflechtung von Wohngebieten und Industrie oder auch partiell Rückverflechtung von Wohnen und Arbeiten: das ist eine Frage, bei der auch die Stadtsoziologie mitreden sollte.

Bertels: Herr Bahrdt, die erste Soziologie von der man sprechen kann – so wird zuweilen behauptet – sei die Stadtsoziologie. Teilen Sie diese Auffassung?

Bahrdt: Nein, das würde ich nicht sagen. Soziologie ist eigentlich entstanden mit der Entdeckung des vierten Standes. Also eher dann schon eine Soziologie der Arbeiterschaft oder der Industrie. Ich meine es gibt natürlich immer Publikationen über städtische Verhältnisse, die sehr alt sind. Aber von Stadtsoziologie kann man eigentlich nicht reden, bevor es die Chicagoer Schule gab.

Bertels: Gleichwohl gibt es ja schon entsprechende Äußerungen bei Engels, bei Riehl, die Großstadtkritiken in den Vordergrund rückten. Diese wurden oft als Ursprung der Stadtsoziologie angesehen.

Bahrdt: Ja, also in dem Sinne kann man das sagen. Ich meine, auch gerade weil Sie Riehl erwähnen und damit auch das Buch Land und Leute. Da findet man eine ganze Menge über städtische Strukturen sowie eine interessante Polemik über die künstlich geschaffenen Städte auf der grünen Wiese, romantisch beeinflusst von den gewachsenen historischen Städten. Großstadtkritik gibt es dort natürlich, das ist richtig. Somit kann man Riehl dazurechnen, oder auch Engels, der über Wohnverhältnisse geschrieben hat. Da könnte man natürlich sagen, das sind mindestens Vorläufer der Stadtsoziologie.

Bertels: Interessant ist, dass Riehl eigentlich völlig unempirisch vorgegangen ist bzw. Thesen auf einer sehr geringen empirischen Basis formuliert hat. Bei Engels war das schon etwas anders. Dennoch sind viele Elemente da, die auch bei der modernen Stadtkritik noch eine Rolle spielen.

Bahrdt: Ja, bei Riehl würde ich sagen, im empirischen, modernen Sinne hat er nicht gearbeitet. Aber er ist gewandert. Er ist von Ort zu Ort gezogen, und er hat auch teilweise beschrieben, wie man wandern müsse um etwas zu erfahren über die Verhältnisse, in die man dann jeweils gelangt.

Wenn ich eine Textsammlung zur empirischen Sozialforschung machen sollte, würde ich einfach ein paar Partien von Riehl hinein nehmen, wo geschildert wird, wie ein aufgeschlossener und wissenschaftlich interessierter Mensch zu Fuß von Ort zu Ort wandert.

Bertels: Riehl spricht beispielsweise von einer schwebenden Bevölkerung und seine Sorge gilt der Entwicklung der Sozialbeziehungen. Ich denke, dass sich einiges davon heute in der Stadtkritik auch wieder findet.

Bahrdt: ... heute wieder findet und zwischendurch eigentlich auch immer in der so genannten konservativen Großstadtkritik enthalten war. Die Verurteilung der modernen Industriegroßstadt gab es. Praktische Vorschläge zu einer anderen Art von Bebauung und Besiedlung hat es eigentlich ununterbrochen das ganze 19. und 20. Jahrhundert hindurch gegeben. Also beispielsweise die Gartenstadtbewegung und die Kleinsiedlungsbewegung.

Bertels: Diese konkreten Formen von Utopien kommen von Personen, die eigentlich mit der Soziologie relativ wenig zu tun haben. Also der Konstrukteur der Gartenstadt war ja nun alles andere als ein Soziologe.

Bahrdt: Ja, natürlich. Also ich weiß nicht, ob die Arbeit auch jemand außerhalb der Stadtsoziologie gebraucht hat oder gekannt hat. Immerhin hat er sich über soziale Abläufe in einer intakten Stadt Gedanken gemacht. Das muss man schon sagen. Also auch über die Mischung von Wohnungen und anderen öffentlichen Einrichtungen und Platzierungen. Das alles beruht auf Gedanken darüber, wie sich das Zusammenleben in einer Stadt abspielen soll.

Bertels: Sehen Sie denn auch Verbindungen zu aktuellen Situationen, von den Überlegungen, die er damals angestellt hat?

Bahrdt: Nicht sehr viele. Allerdings muss man sich darüber im Klaren sein, dass er nicht bloß das im Auge hatte, was man später daraus gemacht hat, nämlich das durchgrünte Stadtquartier. Sondern er hat sich eine Siedlung von Stadtgröße vorgestellt, allerdings eben eine kleine oder mittlere Stadt, die ihre eigene ökonomische Basis hat, wo auch der Ort für die Industrieansiedlung vorgesehen ist. Und er hat an eine ganze Stadt gedacht. Manche, die vielleicht heute daran denken, wie es denn nun mit unserer Nachbarschaft aussehen soll, müsste man unter die Nase reiben, dass das eigentliche Gartenstadtkonzept umfassender war.

Bertels: Manche Überlegungen, die heute von der Stadtplanung angestellt werden, scheinen eher von Hilflosigkeit gekennzeichnet zu sein. Phänomene, die wohl im Wesentlichen über Machtstrukturen gesteuert werden.

Bahrdt: Sie meinen Mischung oder Entflechtung? Da ist es sicher so, dass die Planung oft überrollt wird durch die Verhältnisse auf dem Grundstücksmarkt. Aber es sind natürlich auch technische Probleme, die in der Tat schwer lösbar sind. Ich kann natürlich auch sagen, es hängt mit dem Grundstücksmarkt und mit den Grundeigentumsvorstellungen zusammen, wenn es zum Beispiel zu schwer ist, die City zu entlasten und Nebenzentren zu schaffen was in vielen Städten unbedingt nötig wäre.

Den großen Großstädten fehlen Nebenzentren, die nun im Stadtgebiet platziert werden sollen, wo aller Grund Privateigentum ist. Das ist in der Tat schwierig. Also das wäre so ein Beispiel wo die ökonomische Struktur eine wichtige Rolle spielt.

Bertels: Auch innerhalb der Stadt vollziehen sich jenseits der Planung Umwälzungsprozesse. Und man kann sagen, dass sie das Gesicht von Siedlungen verändern. Wodurch glauben Sie ist das bedingt?

Bahrdt: Es ist ja so, dass ein großer Teil der Stadt nicht in unserer Generation entstanden ist, sondern schon früher. In mancher Beziehung passt dann die Bebauung nicht mehr für die heutigen Bedürfnisse und Wünsche. Zudem kommt es zum Verfall. Es wird allmählich alles reparatur- und sanierungsbedürftig. Und da vollzieht sich natürlich sehr oft eine Umschichtung innerhalb der Bewohnerschaft. Die Letzten, die die Hunde beißen, überwiegen dann in einem Viertel, was vorher einen stabileren Unterschichtencharakter gehabt hat. Das betrifft weniger die gutbürgerlichen Viertel aber zum Beispiel die Zentren der Städte, soweit sie nicht von ökonomischen Funktionen aufgesaugt sind. Da findet man so etwas, was ja nicht alles schlecht zu sein braucht. Es entstehen dann natürlich die Probleme, wenn der Ausländeranteil sehr hoch ist, oder wenn der Anteil der alten Leute sehr groß ist und so weiter.

Bertels: Kann das auch mit dem Familienzyklus und der Veränderung der Familien zu tun haben?

Bahrdt: Ja, indirekt. Also es ist klar, dass Familien mit Kindern versuchen, wenn sie es ökonomisch irgendwie verkraften können, aus dem sehr dicht bebauten Altstadtviertel herauszukommen. Das bedeutet dann, dass diejenigen zurückbleiben, die sehr oft entweder alte Leute sind oder aber auch junge Leute, die noch nicht verheiratet sind, jedenfalls noch nicht richtige Familien haben. Das kann man überall beobachten.

Bertels: Herr Bahrdt, lassen Sie mich noch einen Komplex ansprechen, und zwar den der zunehmenden Freizeit, ob erzwungen oder als reduzierte Arbeitszeit erkämpft. Welche Auswirkungen hat das auf soziale Beziehungen und auf Nachbarschaften?

Bahrdt: Ja, ich weiß nicht ob dies eine grundsätzliche Änderung darstellt... Natürlich, wer Zeit hat, kann auch seine Nachbarschaftsbeziehungen zu Hause besser ausbauen. Aber ob man da schon eine genaue Veränderung in den nachbarschaftlichen Beziehungen entdecken kann...? Ich meine, einerseits ist es so, dass ein modern ausgestatteter Haushalt den Nachbarn wenig braucht. Also bei älteren Bauten ist die Toilette vielleicht noch auf halber Treppe und die Waschküche unten im Keller und man ist mehr auf einander angewiesen. Moderne Wohnbauten, die gut ausgestattet sind... Da kann man auch ganz autark leben – das ist die eine Seite. Die andere Seite ist, dass man unter Umständen mehr Zeit hat und Nachbarschaftsbeziehungen pflegen kann – das wäre denkbar. Jeder, der in einer Stadt wohnt, hat seine sozialen Kontakte zum Teil wohl in der Nachbarschaft, zum Teil aber im weiteren Gebiet der Stadt. Und wer nun mal mehr Zeit hat und Hobbys nachgehen kann, der hat ja vielleicht seine Beziehungen eher in einem Verein, der hat doch mit der Nachbarschaft nicht viel zu tun. Er lernt Leute kennen, die immer wieder in bestimmten Freizeitclubs oder auf bestimmten Campingplätzen sind. Diese Verteilung der sozialen Kontakte auf Nachbarn und auf andere, die weiter weg liegen und denen man sich aus irgendwelchen Gründen angefreundet oder angeschlossen hat, die hat es aber schon immer in Städten gegeben.

Stadtgespräch mit Ulfert Herlyn

Juli 2007

Ulfert Herlyn

Bertels: Das Gespräch mit Professor Herlyn bezieht sich auf die Stadtfor-schung. Zunächst interessiert natürlich, wie sind Sie überhaupt zur Stadt-forschung gekommen?

Herlyn: Das war relativ kurios. Im ersten Studienjahr in Göttingen – das war 1957 – sah ich in einem Schaufenster einer Buchhandlung ein kleines rororo Taschenbuch von René König „Gemeindesoziologie" und dachte mir, dass ich dort neue Einblicke in das Funktionieren einer kirchlichen Gemeinde bekommen kann. Ich habe mir das Buch gekauft und musste zu Hause feststellen, dass es sich in dem Buch nicht um die kirchliche, sondern um die städtische Gemeinde handelte. Ich habe das Buch gelesen und es hat mich fasziniert. Seitdem hat mich die Fragestellung, wie lebt man in Gemeinden, besonders in Städten, nicht mehr losgelassen; sie stellte die zentrale Herausforderung für mein gesamtes berufliches Leben dar. Die Beschäftigung mit der Stadtforschung entstand also – wenn Sie so wollen – durch Zufall.

Bertels: Das ist ja interessant, denn oft beeinflusst der Zufall ja entsprechende Laufbahnen. Wobei liegt eigentlich der besondere Reiz der Stadtforschung?

Herlyn: Das ist sicherlich ganz unterschiedlich. Für mich ist es vor allem die Möglichkeit, soziale Prozesse unmittelbar zu erkennen und analysieren zu können: sie werden in der Stadt beziehungsweise in der Gemeinde unmittelbar anschaulich. Die Verknüpfung von räumlicher Organisation und sozialem Handeln wird alltäglich deutlich und darin liegt für mich der besondere Reiz dieses Forschungsgebietes. An kommunalpolitischen Prozessen kann man unmittelbar partizipieren und sie daher in der Regel besser erkennen und analysieren. Nachbarschaftliche Konfigurationen lassen sich nur hier ermitteln und die zentrale Frage der lokalen Integration kann man nicht ohne den Zusammenhang mit der räumlichen Organisation beantworten. Der französische Stadtsoziologe Chombart de Lauwe hat einmal gesagt: „Das Bild der Gesellschaft ist auf den Boden geschrieben" und diese Ablesbarkeit macht den spezifischen Reiz der soziologischen Stadtforschung aus.

Bertels: Die zentralen Impulse hängen mit dem Verstädterungsprozess, mit der Industrialisierung zusammen, und es gab schon vor rund hundert Jahren erste gute Forschungsansätze. Was sind denn für Sie die wichtigsten Gemeindestudien – konzeptionell, methodisch und auch von den Ergebnissen her?

Herlyn: Das ist eine sehr umfängliche Frage. Zu Beginn des 20. Jahrhunderts haben sich die bekannten Soziologen Max Weber, Werner Sombart, Georg Simmel und Ferdinand Tönnies theoretisch mit der Stadt beschäftigt. Hingegen begann die empirische Erforschung der Städte und Gemeinden im engeren Sinne erst nach dem zweiten Weltkrieg. Und da gab es in den 1950er Jahren eine Reihe von Gemeindestudien, also Studien, die die Wirklichkeit des alltäglichen städtischen Lebens in einer Gemeinde abbilden wollten. Als erstes erschien 1949 eine Reihe von Monographien, die unter dem Titel „Darmstadt-Studie" bekannt geworden sind. Zehn Jahre später haben Mackensen und andere versucht, die charakteristischen Züge der industriellen Großstadt am Beispiel Dortmunds zu erfassen. Kurz vorher 1958 erschien dann „Zeche und Gemeinde" von Croon und Utermann, die wissen wollten, wie sich das alltägliche Leben in einer Gemeinde mit einem dominierenden Arbeitgeber vollzieht und gleichzeitig die Studie über soziale Schichtung in Euskirchen von Renate Mayntz, die am Beispiel von Euskirchen zeigen wollte, wie sich die Sozialstruktur der Stadt Euskirchen in den 1950er Jahren darstellen lässt. Aber es ging nicht um die präzise Analyse der Stadt Euskirchen. Kurz gesagt gibt es zwei grundverschiedene Ansätze: Einmal ist die konkrete Gemeinde das Untersuchungsobjekt und zum anderen stellt die Gemeindeforschung ein methodisches Instrument dar, um eine wie auch immer geartete theoretische Fragestellung empirisch zu überprüfen.

Bertels: Aber das ist ja durchaus eine ambivalente Frage, die damit angesprochen wird. Weil oft beide Aspekte bei diesen Gemeindestudien Berücksichtigung finden: der paradigmatischen Aspekt und auch der Objekt-Aspekt. Mich würde die methodische Seite interessieren. Die war ja, wenn ich das richtig sehe, bis Ende des 2. Weltkriegs bei den Gemeindestudien eher unterentwickelt. Also die ersten Studien, die Darmstadtstudien, waren methodisch noch eher schwach. Da gab es ja noch nicht diese Tradition, die in den USA schon länger existierte.

Herlyn: Die Darmstadtstudien sind – wie ich eben sagte – eine Reihe von Monographien. Die anderen Studien beziehen sich immer auf einzelne Gemeinden, in denen die charakteristischen Merkmale der jeweiligen Gemeinde empirisch erfasst werden sollen. Methodisch spielten dann die

Publikationen von René König zur empirischen Sozialforschung – vor allem die Bücher über Beobachtung, Experiment, Interview – eine herausragende Rolle für die Entwicklung der empirischen Stadtforschung, was vor allem von den jüngeren Wissenschaftlern in verschiedenen Teilsoziologien aufgesogen und angewendet wurde. Stadt und Gemeindeforschung müsste man sagen, denn es werden ja auch kleinere Gemeinden untersucht und nicht nur Großstädte. Dies alles trug dazu bei, dass später die 1950er Jahre als das goldene Jahrzehnt der empirischen Gemeindeforschung genannt wurde.

Bertels: Greifen wir doch mal Ihre zentrale Studie heraus, nämlich Wolfsburg. Was war denn der Anlass für diese Gemeindestudie, wie ist es dazu gekommen?

Herlyn: Ich habe die Forschungen nicht begonnen, sondern die erste Wolfsburgstudie begann Ende der 1950er Jahre unter der Leitung des Philosophen und Soziologen Prof. Helmut Plessner, und nach seiner Emeritierung setzte Prof. Hans Paul Bahrdt die Betreuung fort. In dem Geleitwort zur ersten Untersuchung wird als Erkenntnisinteresse formuliert, dass am besten durch die Beobachtung von Stadtneugründungen der Prozess der Urbanisierung greifbar wird. Von Anfang an hat die Stadt selbst dieses Vorhaben unterstützt und es konnte die deutsche Forschungsgemeinschaft als Hauptgeldgeber gewonnen werden. Noch niemand hatte sich vorher um eine Untersuchung der neuen Stadt Wolfsburg, 1938 von Hitler kurze Zeit nach der Gründung des VW-Werkes begründet, gekümmert. Martin Schwonke begann 1959 mit den Forschungen und nach seinem Wechsel als Professor an die Göttinger Pädagogische Hochschule bin ich nach meinem Examen 1962 dazugekommen und habe dann mit Herrn Schwonke den ersten Band nach acht Jahren im Jahre 1967 fertig gestellt. Die lange Forschungszeit von acht Jahren – heute undenkbar – hatte unter anderem seinen Grund in der noch mangelnden Rezeption der neuen empirischen Methoden. Heutzutage würde niemand eine empirische Studie über acht Jahre finanzieren. Andere Probleme ergaben sich durch Finanzierungspausen und weitere personelle Wechsel im Untersuchungsteam. Als dann endlich 1967 das Buch unter dem Titel „Wolfsburg. Soziologische Analyse einer jungen Industriestadt" veröffentlicht werden konnte, waren alle Beteiligten froh, dass der lange Forschungsprozess doch noch zu einem vorzeigbaren Ergebnis geführt hatte. Niemand dachte damals daran, die Stadt später noch einmal empirisch zu untersuchen. Allerdings war den Beteiligten auch schon damals klar, dass der Forschungsansatz, den Prozess der Stadtwerdung und die gemeindliche Integration abzubilden, nur für eine gewisse Phase mit dieser einen Studie eingelöst werden konnte. Wie ist es möglich, dass aus einem Haufen Häuser, einem sehr großen Industriewerk und sehr vielen Flüchtlingen bzw. Vertriebenen und anderen zugewanderten Personen irgendwann eine Gemeinde entsteht, die diesen Namen verdient und die dann auch auf Dauer funktioniert.

Bertels: Die Frage nach einer Wiederholungsstudie hat sich dann erst später gestellt?

Herlyn: Ja. Annähernd 20 Jahre nach den empirischen Recherchen der ersten Untersuchung habe ich mit Wulf Tessin versucht, das ursprünglich gesteckte Ziel, den Stadtwerdungsprozess zu untersuchen, durch eine Wiederholungsuntersuchung einzulösen. Im Jahre 1982 erschien dann die Wiederholungsuntersuchung der Stadt Wolfsburg unter dem Titel „Stadt im Wandel" von Ulfert Herlyn, Ulrich Schweitzer, Wulf Tessin und Barbara Lettko.

Bertels: Wie waren die zentralen konzeptionellen Fragen der ersten Studie? Man muss sich vergegenwärtigen, das waren die 1950/1960er Jahre. Da gab es auch besondere Problemlagen ökonomischer wie städtebaulicher Art.

Herlyn: Die zentralen Aufgaben bezogen sich erst einmal auf eine Beschreibung der Geschichte der ersten Stadtgründung in Deutschland. In welchen spezifischen Schüben vollzog sich das Wachstum der Volkswagenstadt, die ihre Existenz dem Industriewerk des Volkswagens verdankte. Die Pioniere, die vor 1945 nach Wolfsburg kamen, stammten aus den verschiedensten Gegenden des damaligen Deutschland. Und theoretisch war die Hauptfrage der ersten Untersuchung die soziale Integration des „zusammengewürfelten Volkes" wie über eine lange Zeit die Bewohner charakterisiert wurden. Wie hat man es geschafft, dass Wolfsburg eben nicht eine „komfortable Werkssiedlung" – wie der Publizist Kuby die Stadt Wolfsburg 1958 nannte – geblieben ist, sondern sich im Laufe der Jahre zu einer faszinierenden Stadt entwickelt hat. Die Integration vollzieht sich in verschiedenen Bereichen der Stadt: Nachbarschaft als kleinsten Bereich, über das Wohnviertel zum Stadtviertel als den größeren Bereichen und dann das Stadtzentrum als dem Interaktionsbereich, der allen Stadtbewohnern in nahezu gleicher Weise vertraut ist. Man wusste bereits aus den englischen neuen Städten, dass eine verspätete Zentrumsentwicklung die Gesamtintegration behindert hat und daher haben wir diese Fragen auch sehr stark in die Mitte der Untersuchung gerückt. Wolfsburg hat ja auch eine verspätete Zentrumsentwicklung erfahren und bis heute stellt die Stadtmitte eine Problemzone der Stadt dar.

VW Wolfsburg

Bertels: Es liegt auf der Hand, bei Wolfsburg an VW zu denken. Also die Verknüpfung von Stadt und Werk sozusagen. Da ist wahrscheinlich auch eine Frage, die für die Stadtforschung interessant ist.

Herlyn: Ja, die monoindustrielle Stadt, die es in Ansätzen auch woanders gibt, ist eine ganz besondere Problemstellung. Alles, was in dieser Stadt passierte, alle kommunalpolitisch bedeutsamen Strukturen und Prozesse, sind in Wolfsburg von vornherein initiiert und durchtränkt durch die Interessen des Werkes. Allein schon deshalb, weil allein sechzig Prozent der Erwerbstätigen zu Anfang der 1960er Jahre im Werk beschäftigt waren. Im Laufe der Zeit spielte das VW-Werk zwar eine wechselnde, aber immer zentrale Rolle bei der Stadtentwicklung und der Kommunalpolitik. Dabei übt das VW-Werk nicht quasi „von außen" seinen Einfluss auf die Wolfsburger Kommunalpolitik aus, sondern muss schon immer als integraler Bestandteil verstanden werden. Die strukturelle Abhängigkeit und Determiniertheit der Wolfsburger Kommunalpolitik von und durch das Volkswagenwerk ist offenkundig; das Werk setzte von Beginn an bis heute die entscheidenden Rahmenbedingungen für die Stadtentwicklung, es produziert die zentralen Problemstellungen der Stadt aber es schafft auch zugleich Problemlösungskapazitäten für die Kommunalpolitik. Sowohl die Sozialstruktur der Bevölkerung wie ihre Lebensweise werden nachhaltig durch das VW-Werk beeinflusst.

Bertels: Ich gehe mal davon aus, dass es in der Stadtforschung Sinn macht, verschiedene Methoden zu nutzen, um diese zentralen Fragen beantworten zu können. Wie wurde das in Wolfsburg gehandhabt, welche Methoden hat man da verwendet. Gab es da Vorerfahrungen, wie war die Ausgangssituation?

Herlyn: Es gab – wie gesagt – damals relativ wenige Erfahrungen, und es war uns klar und es ist mir mit der Zeit immer klarer geworden, dass man bei solchen komplexen Untersuchungen nicht auf eine Methode setzen darf, sondern einen Mix aus verschiedenen Methoden der empirischen Sozialforschung anwenden muss. Unser Grundsatz in den Wolfsburgstudien war eine subjektzentrierte Sozialforschung, das heißt wir wollten, soweit es geht, die Stadtentwicklung auch durch die Köpfe der Betroffenen darstellen und nicht nur „von außen" mit bereits vorliegenden Daten dokumentieren. Wir wollten die Bevölkerung durch Interviews zum Sprechen bringen, sie beobachten etc. Ich selber wohnte ein dreiviertel Jahr vor Ort und habe damit den alltäglichen Lebensrhythmus der Stadt gut kennen gelernt.

Im Laufe der bisherigen Forschungen – ich beziehe jetzt die dritte und vierte Studie mit ein – wurden neben kleineren Sondersamples 1960, 1998 und 2007 je eine repräsentative, weitgehend standardisierte Befragung von ca. je tausend Einwohnern durchgeführt, während 1980 eine Panelbefragung des Samples von 1960 vorgenommen wurde. Neben diesen standardisierten Bevölkerungsumfragen gab es immer Gespräche mit Experten in Verwaltung, Politik, Wirtschaft – insbesondere des VW-Werkes – als auch qualitative Intensivinterviews mit ausgewählten Personen. Selbstverständlich gehörte zum Standard des methodischen Repertoires immer auch die Analyse von vorliegenden Dokumenten, vor allem von öffentlichen Statistiken.

Auch in späteren, anderen empirischen Studien habe ich konsequent diese Gleichzeitigkeit von quantitativen und qualitativen Methoden beibehalten. Ein besonders gelungenes Beispiel ist die methodisch wohl ausgefeilteste Studie über den Wandel in der Stadt Gotha nach der Wiedervereinigung, die Sie und ich Anfang der 1990er Jahre durchgeführt haben. Auf diese Studie werde ich etwas später noch einmal zurückkommen.

Bertels: Wann sind Sie und das Team dazu gekommen sich mit einer Follow-up-Studie über Wolfsburg zu befassen?

Herlyn: Es gab damals noch kein ganz eingespieltes Team. Herr Schwonke und ich haben die erste Studie durchgeführt und danach wurde die Wolfsburger Thematik erst einmal zur Seite gelegt. Dann habe ich mich anderen Fragestellungen zugewandt, die in Zusammenhang mit dem Studiengang Freiraumplanung der Universität Hannover standen, wo ich seit 1974 geforscht und gelehrt habe. Nach einiger Zeit kam Herr Wulf Tessin an unser Institut. Mit ihm zusammen habe ich dann die weiteren Wolfsburgforschungen bis heute geplant und durchgeführt. Mit ihm hatte ich vorher noch am soziologischen Seminar in Göttingen angefangen, über disparitäre Infrastrukturverteilungen in westdeutschen Städten zu arbeiten. Wir beide teilten die Meinung, dass es wissenschaftlich wünschenswert sei, die weitere Entwicklung der Stadt Wolfsburg soziologisch zu begleiten und deshalb nahmen wir die Forschungen zusammen mit den Mitarbeitern Ulrich Schweitzer und Barbara Lettko Ende der 70er Jahre wieder auf, nachdem ein Forschungsantrag bei der Stiftung Volkswagenwerk positiv entschieden worden war und auch die Stadt Wolfsburg unser Vorhaben großzügig unterstützt hatte.

Bertels: Was stand denn da im Mittelpunkt? Welcher Wandel sollte untersucht werden?

Herlyn: Wir wollten auch wieder fragen, wie ist die Integrationsfrage weiter gegangen und wollten stärker das Verhältnis zwischen dem VW Werk und der Stadt in den Mittelpunkt rücken. Und so ist es dann auch geschehen.

Die Integrationsfrage stand weiter an erster Stelle, denn wenn sich – wie Häußermann ausgeführt hat – die Städte in der Vergangenheit als „Integrationsmaschinen" erwiesen haben, indem große Mengen von Zuwanderern in den Städten sesshaft geworden sind, dann stellt sich die Frage für die neue Stadt Wolfsburg mit nur wenigen Einheimischen in besonderer Dringlichkeit. Zunächst einmal war es die große Gruppe der Flüchtlinge und Vertriebenen, die etwa zwei Drittel der ursprünglichen Bevölkerung ausmachten, was zu erheblichen kulturellen Zusammenstößen in der Stadt führte. Daneben war es die nicht kleine Gruppe von Ausländern, vorzugsweise Italienern, die als notwendige Arbeitskräfte nach Wolfsburg geholt wurden.

Die großen Italienerschübe, die am Anfang in umzäunten Ghettos untergebracht wurden. Man hat aber schnell erkannt, dass die Gettoisierung die Integration sehr erschwert. Schließlich waren jene 35.000 Einwohner aus Randgemeinden zu integrieren, die im Zuge der großen Gebietsreform aus dem Jahre 1972, in deren Verlauf zwanzig Ortschaften im Umland nach Wolfsburg eingemeindet wurden in die Kernstadt Wolfsburg kamen. Als vierte Gruppe – und da greife ich jetzt voraus – sollten dann in den 1990er Jahren die Fremden integriert werden, die durch neue Entwicklungen der Stadt, (z.B. Stadtmuseum und Neue Autostadt) als

Tagestouristen beziehungsweise Autoabholer nach Wolfsburg gekommen sind.

VW Wolfsburg Kundenzentrum

Daneben rückten wir die Abhängigkeit des Stadtlebens von dem VW-Werk in den Mittelpunkt und analysierten die Parallelität von Stadtentwicklung und Lebenswandel der Einwohner aus biographischer Perspektive.

Die methodische Innovation war die konsequente Anlage und Durchführung der Untersuchung als einer Panelstudie. Wenn man Längsschnittstudien macht in der Sozialforschung, gibt es eigentlich nur zwei Wege. Der eine Weg ist der einer Follow-up Studie, bei der die Daten zu den verschiedenen Zeitpunkten an wechselnden Personen erhoben werden. Ein Panel heißt immer, dass ich Aussagen identischer Personenkreise zu verschiedenen Zeitpunkten gegenüberstelle. Von den Befragten um 1960 haben wir zwanzig Jahre später etwa ein Drittel zum zweiten Mal befragen können. Wir haben diese Panel Studie gemacht und haben sehr interessante Befunde zu Eingliederungsfragen erheben können. Aber eine Panel Studie heißt, man muss sich ganz minutiös den methodischen Ansätzen der Erststudie unterwerfen und diese Anpassung kann zu einer methodischen Zwangsjacke werden, aus der man nicht so leicht wieder hinauskommt. Hinzu kam, dass der zeitliche Abstand von zwanzig Jahren zu lang ist, um Bedingungen von Verhaltensänderungen analysieren zu können. Und es kam hinzu, dass wir in der zweiten Studie keinen Befragten unter vierzig Jahre mehr hatten und damit war die Repräsentativität nicht mehr gegeben. Schließlich musste der Wortlaut der Fragen von vor zwanzig Jahren exakt wiederholt werden, was dann nicht mehr immer passte.

Die Frage, die wir immer in allen Studien haben laufen lassen, war die folgende Suggestivfrage zum Heimatgefühl: „Einige Leute sagen, man könne sich in Wolfsburg nicht heimisch fühlen. Was sagen Sie dazu?" Das war eine erzählgenerierende Frage, die Leute sprudelten direkt über, bezogen es entweder auf andere oder bezogen sich mit ein; diese indirekte Frage hat uns sehr lebendige Antworten gebracht. Aber zusammenfassend weise ich noch mal darauf hin: die zweite Studie hat wohl doch etwas unter diesem sehr dezidierten methodischen Ansatz einer Folgestudie gelitten. Wenn ich noch mal die Zeit zurückdrehen könnte – ich kann es nicht – dann würde ich es nicht wieder machen.

Bertels: Heimat ist ja ein schwieriger Begriff in unserer Gesellschaft, aber gleichwohl ist der wirklich, geht die Leute offensichtlich sehr viel an. Damit ist auch die Frage nach Identität verbunden. Es ist ein sehr schwieriger Begriff mit vielen auch politischen Konnotationen, aber offenbar ein sehr relevanter für die Menschen.

Herlyn: Ja, ich habe noch eine allgemeine Umfrage in der Bundesrepublik aus den 1960er Jahren im Kopf. Da wurde nach dem negativsten und positivsten Begriff gefragt, den die Befragten sich vorstellen können. Als negativster Begriff wurde damals von einem repräsentativen Querschnitt der Bevölkerung der Begriff „Kommunismus" gewählt, der positivste Begriff hingegen war „Heimat". Die unkritische Verwendung dieses so schillernden Begriffes ist gefährlich. Der Heimatbegriff hat viele Ideologien aufgesogen wie ein Schwamm. Ich will jetzt gar nicht die Ideologie der Nationalsozialisten besonders hervorheben, aber der Heimatbegriff ist sehr schwierig und muss von diesen Ideologien gewissermaßen entblättert werden. Aber dann bedeutet den Menschen dieser Begriff doch sehr viel, weil sie damit eine Verbindung von der Entwicklung von ihrem Leben mit der, ich sag es jetzt mal so, Umwelt sehen. Die traditionelle Heimatvorstellung ist so ja in etwa mit dem Spruch umschrieben „Vergiss nicht die Heimat, wo deine Wiege stand, du findest in der Welt kein zweites Heimatland." Diese Vorstellung von Heimat ist sehr eng mit der Kindheit und Jugend verknüpft. Und das ist ja meistens eine von den Erwachsenen verklärte Zeit. Dem gegenüber ist zunehmend später ein Heimatbegriff entwickelt worden, der umschrieben werden kann mit dem Spruch „Wir haben immer noch Heimat vor uns". Heimat wird nach dieser Auffassung nicht quasi von Geburt mitgegeben, sondern ich mache einen bestimmten Ort zur Heimat, indem ich dort soziale, für mich befriedigende Kontakte erlebe. Überspitzt formuliert kann man sagen: „Heimat ist etwas, was ich mache" – so der Titel eines 1997 erschienenen Buches von B. Mitzscherlich. Wenn man diesen Begriff zugrundelegt, kann ein Mensch im Laufe seines Lebens auch mehrere Heimaten haben. Und das war nun wieder für die Situation der vielen Heimatvertriebenen am Anfang eine ganz wichtige Impulsfrage und später – wir haben das ja dann beschrieben – haben wir uns gewundert, dass diejenigen, die von weither nach Wolfsburg kamen, also aus den Gebieten jenseits von Oder und Neiße, nicht geringfügiger Wolfsburg als Heimat beschrieben haben, sondern fast noch mehr. Immer wieder sagten sie: „das ist unsere Heimat, unsere zweite Heimat". Das heißt, sie nahmen die Stadt Wolfsburg als letzten Anker in ihrer Biographie, der sie sozusagen rettete und dem sie wiederum das Prädikat Heimat zuschrieben. Es war also ein Kohortenschicksal das dort hinein spielte.

Wolfsburg steht heute in der Retrospektive nicht nur als Beispiel für das Wirtschaftswunder im Nachkriegsdeutschland, sondern mindestens ebenso auch für die gelungene Integration der Heimatvertriebenen

Bertels: Es gab ja dann noch eine dritte Studie über Wolfsburg. Was stand bei dieser Studie im Mittelpunkt?

Herlyn: Mitte der 1990er Jahre hatte die Stadt die schwerste Strukturkrise im Volkswagenwerk erlebt, die zu einem Arbeitsplatzverlust von Tausenden von Mitarbeitern geführt hatte. Dieser Wendepunkt der Stadtentwicklung war Grund genug, nach den beiden ersten Studien eine dritte folgen zu lassen. Nachdem die finanzielle Förderung wieder durch die Deutsche Forschungsgemeinschaft sicher gestellt war und die Stadt erneut durch finanzielle Zuschüsse und bereitwillige Kooperationen das Vorhaben unterstützen wollte, konnten Herr Tessin und ich zwei gut ausgebildete Mitarbeiterinnen, Dr. Gitta Scheller und Dr. Annette Harth gewinnen, die auch heute wieder mit uns an der dann folgenden vierten Studie zusammenarbeiten. Wir konnten 1997 mit den empirischen Forschungen beginnen, die wir im Jahre 2000 unter dem Titel „Wolfsburg: Stadt am Wendepunkt." publiziert haben.

Zentrale Themen dieser dritten soziologischen Wolfsburg-Studie sind zum einen die angesprochene Krise im Volkswagenwerk und ihre Bewältigung im Rahmen neuer Kooperationsformen zwischen Stadt und Werk, zum anderen der Formwandel lokaler Integration. Damit wurden zwei zentrale Themen gewissermaßen fortgeschrieben, die von Anfang an die Forschungen bestimmt hatten.

Was die VW-Krise als Wendepunkt der Stadtentwicklung anbelangt, so wurden ca. 16.000 Arbeitsplätze in der ersten Hälfte der 1990er Jahre abgebaut, was etwa einem Fünftel aller Arbeitsplätze in Wolfsburg entspricht. Wenn trotzdem im Jahre 1998 von der Wolfsburger Bevölkerung überwiegend die Meinung vertreten wurde, sie seien persönlich von der Krise nicht betroffen gewesen, dann ist dies vor allem zu erklären mit einem ungewöhnlichen Krisenmanagement des Volkswagenwerkes das sozialverträgliche Maßnahmen unverzüglich eingeleitet hatte: durch die Entwicklung des Modells der „atmenden Fabrik", in deren Rahmen die Vier-Tage-Woche (28,8 Std.) eingeführt und die Arbeitszeitmodelle flexibilisiert wurden, konnten weitere Kündigungen von Arbeitsplätzen vermieden werden. Damals kursierten auch schon Gerüchte, dass der „Global Player" VW, der inzwischen ja auch schon in vielen anderen Städten und Ländern präsent war, sich möglicherweise aus Wolfsburg zurückziehen könnte. Politische Antworten fanden Stadt und Werk indem sie die sog. Wolfsburg AG gründeten, die eine völlig neuartige Ebene der Kooperation von Werk und Stadt darstellte. Dort wurden zusammen vom Werk und der Stadt die Grundlinien der kommunalen Politik vorgegeben, was für die monoindustriell strukturierte Stadt der geeignete Weg zu sein schien, um sich in der kommunalen Konkurrenz zu behaupten auch wenn es nicht unerhebliche Risiken hinsichtlich der demokratischen Legitimation gegeben hat. Um die Jahrhundertwende sprach man von einer „zweiten Gründerzeit", in der Wolfsburg nicht mehr die bescheidene Rolle einer Werkssiedlung spielt, sondern als Konzernsitz und Hauptstadt eines prosperierenden Unternehmens herausgestellt wird.

Was die Integrationsfrage anbelangt, so haben wir verschiedene Formen unterschieden: die soziale Integration, eine systemische Integration und eine symbolische Integration. Dabei bezog sich die soziale Integration auf die Zusammengehörigkeit, die sozialen Kontakte, die wir immer schon thematisiert hatten. Dann die systemische Integration, worunter man die Teilhabe an verschiedenen städtischen Gelegenheiten, zum Beispiel Infrastrukturbereichen wie Schulen verstand. Und schließlich dann die symbolische Integration als Identifikation mit der Stadt. Hiermit ist wieder die Frage angesprochen, ob sich unter der Wolfsburger Bevölkerung ein Heimatgefühl verbreitet hat und worauf es zurückzuführen ist.

Alles in allem kann davon ausgegangen werden, dass die neue Stadt Wolfsburg kaum noch spezifische, mit ihrer Entstehungsgeschichte zusammenhängende Defizite aufweist. Man war ausreichend in soziale Netze eingebunden, die relativ gut bezahlten Arbeitsplätze, die modernen Wohnungen und das differenzierte Infrastrukturangebot erreichten hohe Zufriedenheitswerte und für die meisten war Wolfsburg zur Heimat geworden. Als Resümee kann gesagt werden, dass die Stadt in sozialer Hinsicht hervorragend als Integrationsmaschine funktioniert hat, so dass zur Jahrhundertwende für den weit überwiegenden Teil der Wohnbevölkerung ein selbstverständliches Zusammengehörigkeitsgefühl entstanden war. Man muss ja auch bedenken, dass in den 90er Jahren des letzten Jahrhunderts nun schon die zweite Generation von Menschen, die in Wolfsburg geboren sind, das öffentliche Leben bestimmt und es schon junge Menschen der dritten in Wolfsburg geborenen Generation gibt. Diese über Generationen dauernde Verflechtung bleibt nicht ohne Konsequenzen für das Zugehörigkeitsgefühl zur Stadt.

Bertels: Nun läuft ja zurzeit die vierte Untersuchung. Könnten Sie noch etwas zu den Zielen dieser Studie sagen?

Herlyn: Die angesprochene zweite Gründerzeit ist ein plastischer Ausdruck für eine neue Phase der Stadtentwicklung, die sich auf große Projekte in der Stadt konzentriert, um die Attraktivität des Produktions- und Wohnstandortes Wolfsburg von Grund auf zu erneuern. Am Ende der dritten Studie war uns klar, dass wir in einer weiteren Studie nach etwa zehn Jahren versuchen sollten, eine Art Evaluation der neuen städtebaulichen Großprojekte vorzunehmen.

Glückliche Umstände wie die Verfügbarkeit aller vier Autoren der dritten Studie sowie einer erneuten Forschungsförderung durch die Deutsche Forschungsgemeinschaft führten dazu, dass wir im Jahre 2006 mit der vierten soziologischen Wolfsburg-Studie beginnen konnten. Uns war schon damals bewusst, dass es eine Abfolge von vier großen empirischen Studien über eine Stadt über einen Zeitraum eines halben Jahrhunderts bisher nicht gab und ein absolutes Novum in der Forschungslandschaft darstellt. Insbesondere die personale Kontinuität der die Untersuchungen leitenden und bearbeitenden Personen ist in der empirischen Stadtforschung einmalig.

Allerpark, Wolfsburg

Vor dem Beginn dieser vierten Studie haben Herr Tessin und ich den Extrakt aus den ersten drei Studien in einem Band zusammengefasst, um weiten, interessierten Kreisen einen Einblick in die Forschungsresultate zu ermöglichen. Wir haben den Band provokativ „Faszination Wolfsburg" genannt, um die Attraktivität dieser erfolgreichen Stadtneugründung in Deutschland zu unterstreichen.

Bertels: Welches waren nun die Ziele dieser vierten Untersuchung und gibt es schon verwertbare Resultate?

Herlyn: Mit zwei, von VW initiierten Großprojekten der „Neuen Autostadt" und der „Autovision" wurde ein Wendepunkt in der Stadtentwicklung eingeleitet; mit beiden Projekten verband sich bei der Wohnbevölkerung die Gewissheit eines neuen Engagements des Werkes für die Stadt. Wer solch umfangreiche Investitionen in einer Stadt vornimmt, plant nicht, sie zu verlassen.

VW Konzern
Forum

Die Mitte der 1990er Jahre angekündigte und zum Beginn der Weltausstellung EXPO 2000 sich öffnende „Autostadt" auf dem Werksgelände im Zentrum eines riesigen Technologieparks (etwa 25 Hektar groß) besteht aus einem Kundenzentrum, in dem täglich mehrere tausend Käufer ihr Auto selbst abholen.

Volkswagen Wolfsburg

*VW Konzern
Forum*

Dieses Kundenzentrum wird ergänzt um diverse Einrichtungen wie Piazza, KonzernForum MarkenPavillon, ein Luxushotel etc. Für den Besuch dieses, als neuen Stadtbezirk deklarierten Geländes müssen die Besucher Eintritt bezahlen. Unter der Voraussetzung, dass viele der Kaufinteressenten bzw. deren Familienangehörigen auch die Stadt, insbesondere die Innenstadt Wolfsburg besuchen, könnte es dort belebter, überraschender und bunter werden, so die Hypothesen der Untersuchung. Wenn die Stadt ein Ort ist, wo Fremde auf engem Raum zusammenleben und verschiedenen Lebensweisen und Kulturen nebeneinander existieren können, dann wäre eine größere Zahl von Ortsfremden, die Wolfsburg „en passant" während des Autoabholens besuchen, nicht nur ökonomisch vorteilhaft, sondern auch und vor allem eine unerlässliche Vorbedingung für die Entstehung urbaner Verhaltensweisen.

Als zweites Standbein des rapiden Wandels der Stadt kann die von VW initiierte „Autovision" gelten, die im Wesentlichen vier Arbeitsbeschaffungsmaßnahmen umfasst: neben dem Innovationscampus, dem Zuliefererpark, einer Personalserviceagentur sind es vor allem die Erlebniswelten, um Wolfsburg für Touristen attraktiver zu machen und Arbeitsplätze für Frauen im Dienstleistungsbereich zu schaffen.

Bertels: Das ist offenbar ein neues städtebauliches Leitbild, das dahinter steht. Die Frage, die sich natürlich in diesem Zusammenhang stellt ist, gibt es da soziologische Begründungen. Ist dies aus soziologischer Perspektive reflektiert worden oder ist es im Wesentlichen ein planerisches und ökonomisches Projekt?

Herlyn: Die Diskussion dieser Fragen ist zutiefst soziologisch, insofern als Wolfsburg eine Stadt ohne Urbanität war. Und das ist natürlich für eine Stadt im Verhältnis zu vielen andern zunächst einmal ein Makel, weil Urbanität gemeinhin als Gütesiegel einer Stadt verstanden wird. Also, es sollte versucht werden, dort Urbanität zu entwickeln und eine wichtige Voraussetzung sind zuerst mal Menschen mit verschiedenen Lebensanschauungen und verschiedenen Verhaltensweisen und nicht nur Leute, die bei VW beschäftigt sind. Durch die Großprojekte – allen voran die Neue Autostadt – erhoffte man sich u. a. Menschen, die durch ihr Anderssein das öffentliche Leben in der Autostadt bereichern und beleben, jetzt einmal abgesehen von den ökonomischen Impulsen für eine Belebung der Innenstadt, die über lange Zeit das Sorgenkind Nr. 1 der städtebaulichen Entwicklung darstellte.

Bertels: Da können wir schon auf die Ergebnisse gespannt sein. Was sind nun die zentralen Befunde der Gemeindestudie und zwar sowohl von der inhaltlichen, als auch von der methodischen und forschungsstrategischen Seite?

Herlyn: Die Hauptertäge dieser Langzeituntersuchung der Entwicklung der neuen Stadt Wolfsburg liegen zum einen auf inhaltlichem, zum anderen auf methodischem Gebiet. Was die inhaltlichen Ergebnisse betrifft, so ist als erstes ernüchternd festzustellen, dass es keine zweite Stadtneugründung in Deutschland gibt und insofern alle auf den Sonderfall der Stadt Wolfsburg im Ganzen bezogenen Befunde nicht verallgemeinerbar sind. In dem Einzelfall gibt es paradigmatische Entwicklungen in einzelnen thematischen Bereichen.

Wolfsburg ist vor allem ein Paradebeispiel für den Zusammenhang von wirtschaftlicher und städtischer Entwicklung, denn das VW Werk stellt die grundlegenden Rahmenbedingungen und gibt zugleich Richtungen für die kommunalpolitische Bearbeitung vor. Der Formwandel dieses Verhältnisses schwankte zwischen Zurückhaltung (Kanal zwischen Werk und Stadt als Einflussgrenze) und persönlicher wie struktureller Einmischung (etwa durch die Wolfsburg AG) und konnte von den Zeiten des Wirtschaftswunders in den 1950er Jahren bis in das Zeitalter der Globalisierung in der Gegenwart analysiert werden.

Wolfsburg hat als Integrationsmaschine eine sozial wie geographisch höchst heterogene Bevölkerung zusammengebracht und damit den anfangs sehr verbreiteten Topos vom „zusammengewürfelten Volk" verschwinden lassen... Die Stadt stellt insbesondere auch ein Lehrbeispiel für die soziale Integration von Heimatvertriebenen und Flüchtlingen dar, die in den 50er Jahren etwa zwei Drittel der Bevölkerung ausmachten.

Wolfsburg ist auch ein „Lehrbeispiel" für den modernen Städtebau nach dem 2. Weltkrieg insofern, als alle städtebaulichen Konzepte hier realisiert wurden: die „gegliederte und aufgelockerte Stadt", die „autogerechte" Stadt, der „städtebauliche Funktionalismus" und das Konzept der „Urbanität durch Dichte".

Wolfsburg hat auch die Möglichkeit eröffnet, das Alltagsleben der modernen Arbeiterschaft ohne die traditionelle Arbeiterkultur kennen zu lernen. Nach dem Krieg wurden viele Handwerker als angelernte Arbeiter umgeschult, eine bürgerliche Öffentlichkeit hat sich in dieser neuen Stadt aber auch kaum entwickelt.

Wolfsburg ist nicht zuletzt auch ein Paradebeispiel dafür, dass Heimat nicht primär als Ort von Kindheit und Jugend zu verstehen ist, sondern eine Qualität der aktiven Aneignung von Welt ist, die sich auch in späteren Lebensphasen ereignen kann. Mangelnde Atmosphäre und Urbanität sind immer noch vorrangige Kritikpunkte der Bevölkerung.

Die schwere Krise des Volkswagenwerks zeigt, dass Wolfsburg auch ein Lehrbeispiel für einen sozialpolitisch abgefederten Übergang von der Industrie- zur Dienstleistungsgesellschaft darstellt, weil Werk und Stadt innovative Modelle der Kooperation entwickelt haben.

Zu den Befunden dieser Längsschnittuntersuchungen gehören auch Erfahrungen auf methodischem Gebiet. Durchgehalten wurde der Grundsatz einer subjektorientierten Sozialforschung, das heißt in jeder Studie wurden die Akteure aktiv in die Studie einbezogen. Dies geschah – wie gesagt durch einen Mix aus qualitativen und quantitativen Verfahren. So wurden immer standardisierte Massenerhebungen mit intensiven Einzelgesprächen kombiniert. Im Bereich der Befragung wurde in der zweiten Studie ganz bewusst das seltene Verfahren der Panelstudie angewandt und ex post die spezifischen Vor- und Nachteile diskutiert. Noch stringenter hätte man die methodischen Ansätze in den einzelnen Studien planen können, wenn man immer schon gewusst hätte, dass die Studien fortgesetzt werden. Aber der Forschungsbetrieb an den Universitäten lässt eine genaue Langzeitplanung nicht zu, sodass ein gewisser methodischer Wildwuchs stattgefunden hat. Immer war auch wichtig, dass sich die Forschung in einem Team von Mitarbeitenden vollzieht.

Bertels: Eine große Bedeutung hat zweifellos ein Team bei der Forschung. Welche Bedeutung haben die Mitarbeiter im Projekt?

Herlyn: Größere Forschungsprojekte sind nach meiner Erfahrung nur in teamartiger Kooperation zu bewerkstelligen, weil von einem Team fruchtbare Impulse ausgehen und im besten Fall eine hierarchielose Diskussionskultur entsteht. Von der Größe her sind drei bis fünf Leute eine sehr gute Voraussetzung, um die Auseinandersetzungen fruchtbar voranzutreiben. In der Stadtforschung ist das besonders wichtig, weil ja häufig dort

Leute mit planerischer und mit soziologischer Herkunft zusammenarbeiten, und diese Interdisziplinarität erfordert auch, dass man die verschiedenen Aspekte zusammen sieht. Und ich würde sagen, es ist ein ganz wichtiger Punkt. Generell für große Projekte, aber auch für die Stadtforschung ganz besonders, zumal es Phasen gibt, in denen ja dann verschiedene Dinge gleichzeitig gemacht werden und dort muss es wieder Teilspezialisierungen geben. Man darf nicht so tun, als wenn in einem Team alle alles könnten. Es gibt immer Spezialisten für bestimmte Fragestellungen und die muss man auch haben, um so eine Frage in einem kleinen, engen Zeitraum zu bewerkstelligen zu können.

Von zentraler Wichtigkeit ist generell, dass man Hierarchieprobleme von der täglichen Arbeit fernhält. Das ist leichter gesagt als getan, weil es sich in der Regel um Leiter handelt, die auch bei Drittmittelforschung zugleich Antragsteller und zumeist in einer festen, häufig unkündbaren Situation sind und auf der anderen Seite um zeitlich befristete, zumeist jüngere Mitarbeiter, die nicht selten sich über qualifikatorische Arbeiten in einer Abhängigkeit von dem oder den Leitern befinden.

Bertels: Aber die Teams waren doch bei der Wolfsburgforschung relativ stabil, oder?

Herlyn: Ja, in der letzten Zeit bei der dritten und vierten Studie. Herr Tessin hatte schon in der zweiten Studie mitgearbeitet und hat mit mir die beiden letzten Untersuchungen geleitet.

Rückblickend auf alle meine Forschungsprojekte kann ich sagen, dass jedes Projekt eine ganz andere soziale Struktur unter den Zusammenarbeitenden gehabt hat.

Bertels: Ich möchte jetzt gerne noch auf ein von uns gemeinsam durchgeführtes Projekt zu sprechen kommen, das eine ganz andere Fragestellung beinhaltet, nämlich die Forschung über den sozialen Wandel in Gotha. Wie hat sich das jetzt aus Ihrer Sicht entwickelt, schließlich hatte es doch eine ganz andere Frage als Wolfsburg.

Herlyn: Die Stadt- und Gemeindeforschung hat durch die Grenzöffnung 1989 einen ganz neuen Schub bekommen. Auch in anderen soziologischen Forschungsfeldern mussten neue Fragen gestellt werden, aber die Stadtforschung war in besonderem Maße betroffen, weil die „grauen Städte" im Sozialismus sich in mannigfacher Hinsicht ganz anders entwickelt hatten. Noch bevor sich relativ bald nach der Wende verschiedene Forschergruppen einzelne Städte zum Gegenstand der Untersuchung gemacht hatten, haben Sie, Herr Bertels und ich – wie schon erwähnt – als erste mit einer großen empirischen Untersuchung über die Stadt Gotha im Umbruch begonnen. Schon kurz vor der Wirtschafts- Währungs- und Sozialunion am 1. Juli 1990 hatten wir mit der Produktion eines Filmes begonnen.

Rathaus in Gotha

Es war das Ziel der Untersuchung, die Art und Weise abzubilden, wie die Menschen den fundamentalen gesellschaftlichen Umbruch in der ehemaligen DDR erlebt haben und wie sie die wandlungsbedingten Veränderungen im alltäglichen Leben einer mittelgroßen Stadt verarbeiten. Indem wir den lokalen Lebenszusammenhang thematisierten und untersuchten, erhofften wir uns zugleich auch repräsentative Einblicke in Lebensweisen, Befindlichkeiten und Mentalitäten der betroffenen Bevölkerung in der DDR zu gewinnen. Auch in dieser Gemeindestudie vermischte sich die Absicht, das soziale Leben in einer Stadt abzubilden in kaum zu entwirrender Weise mit dem Interesse, zu gemeindeübergreifenden Aussagen zu kommen. Innerhalb dieser Längsschnittuntersuchung haben wir 1991 und 1993 unter anderem eine Panelbefragung durchgeführt, um die Veränderungen in der subjektiv wahrgenommenen Lebensqualität dynamisch erfassen zu können.

Boutique 1990, Gotha

Schwabhäuser Str., Gotha

Die Deutsche Forschungsgemeinschaft hat dieses erste Kooperationsprojekt zwischen ost- und westdeutschen Stadtforschern nicht nur bewilligt, sondern nach Beendigung auch besonders gewürdigt. Als ostdeutscher Kooperationspartner konnte Fred Staufenbiel, Professor an der Hochschule für Architektur und Bauwesen in Weimar, gewonnen werden. In verschiedenen stadtsoziologischen Untersuchungen der 1970er und 1980er Jahre wurden unter seiner Leitung eine ganze Reihe von Städten nach einheitlichem methodischen Vorgehen empirisch untersucht. Die methodisch wohl reichhaltigste meiner Untersuchungen wurde von Lothar Bertels und mir im Jahre 1994 herausgegeben unter dem Titel „Stadt im Umbruch: Gotha. Wende und Wandel in Ostdeutschland".

Gasse, Gotha

Bertels: Sie bietet sich zumindest für eine Follow-up-Studie an, was das Material und was die Fragestellung angeht.

Herlyn: Leider ist es bis heute nicht gelungen, eine finanzielle Unterstützung für eine zweite große empirische Studie zu erhalten. Aber es konnte ein zweiter Film auf DVD mit dem Titel „Gotha – Stadtentwicklung nach der Wende" gedreht werden, in dem aus Vergleichsgründen dieselben photographischen Perspektiven wie im ersten Video eingenommen und weitgehend dieselben Experten befragt wurden. Er wurde einem im Jahre 2002 erschienen Band über die Transformationsprozesse in Gotha beigegeben, sodass doch eine Längsschnittbetrachtung des Wandels dieser ostdeutschen Stadt entstanden ist.

Bertels: Welchen Sinn macht es eigentlich heute noch, in Zeiten der Globalisierung Gemeindestudien zu konzipieren?

Herlyn: Das ist eine Frage, die zur Zeit wieder heftig in der scientific community diskutiert wird. Was die Gemeindestudien anbelangt, so wurde ja für die 1950er Jahre des letzten Jahrhunderts von dem goldenen Zeitalter der Gemeindesoziologie gesprochen. Ich hatte ja zu Anfang dieses Gesprächs darauf hingewiesen, dass gerade in der damaligen Zeit mehrere Untersuchungen ganzer Gemeinden vorgelegt wurden. Wenn man so will, handelt es sich vor allem bei der ersten Wolfsburgstudie in den 1960er Jahren, aber auch bei den Folgestudien um Nachläufer dieses Untersuchungstypus. Erst die Wiedervereinigung führte zu einer nennenswerten Renaissance dieses Forschungstypus für Städte in den neuen Bundesländern. Ich denke jetzt neben der schon erwähnten Gothastudie an die Studie über Wittenberg von Lange und Schöber oder an Waldleben von Neckel 1999 oder auch an Dorfuntersuchungen in der Lausitz. Es hat den Anschein, dass besonders in Zeiten gesellschaftlichen Umbruchs wie der Nachkriegszeit beziehungsweise der Zeit nach der Wiedervereinigung der beiden deutschen Staaten häufig Gemeinden als Untersuchungsobjekte herangezogen werden. Auch in den neuen Bundesländern ist diese Tradition der soziologischen Untersuchung ganzer Gemeinden inzwischen zum Erliegen gekommen. Häußermann spricht da von einer Reaktivierung der Gemeindestudie als Methode.

Nach Aufgabe der totalen Erforschung des lokalen Lebenszusammenhanges in der soziologischen Stadtforschung wurden mehr und mehr die Ausprägungen bestimmter sozialer Probleme in einzelnen Gemeinden thematisiert. So gab es zum Beispiel in den 1970er Jahren eine Fülle von Sanierungsstudien, also Quartiersstudien problematischer Stadtviertel. Da wird nicht die gesamte Stadt beschrieben, sondern man greift ein bestimmtes Stadtviertel heraus, was für gewöhnlich nicht mit der gesamtstädtischen Entwicklung Schritt gehalten hat. Meistens wird dann überlegt, warum das so ist und mit welchen Mitteln von außen diese Stadtviertel wieder angehoben werden können, damit sie an der gesamtstädtischen Entwicklung partizipieren können. Oder es sind Migrationsuntersuchungen, wo gefragt wird, wie leben bestimmte Migranten in einer bestimmten Stadt. Dann untersuche ich aber auch nicht die ganze Stadt als solche, sondern eine bestimmte Fragestellung, die jetzt von besonderem Interesse ist. Oder es sind Wanderungsstudien, Nachbarschaftsstudien oder Segregationsstudien.

Wir selbst haben zum Beispiel nicht die Stadt Magdeburg untersucht, sondern die Segregation in Magdeburg, wie vollzieht die sich, welche Auswirkungen zieht sie nach sich. Und das waren und sind die weit überwiegenden Studien über Teile des lokalen Lebenszusammenhanges im Rahmen stadtsoziologischer Ansätze; die Analyse ganzer Gemeinden, also ein lokaler Totalitätsanspruch stellt die Minderheit der vorliegenden stadtsoziologischen Arbeiten dar.

Hinzukommt noch, dass man die Stadtsoziologie nicht isoliert von anderen soziologischen Bemühungen sehen und beurteilen darf, die gleichzeitig für sich in Anspruch nehmen, Aussagen über die betreffende Gesellschaft, in diesem Falle der bundesrepublikanischen zu machen. Hier muss man nun zur Kenntnis nehmen, dass das Interesse, Aussagen über die betreffende Gesellschaft zu machen durch viele andere, auf die Gesamtgesellschaft bezogene Surveys, ich denke hier vor allem zum Beispiel an das Wohlfahrtssurvey, das Sozio-ökonomische Panel und andere viel eher und schneller befriedigt werden kann, als in ihrer Reichweite doch eher begrenzte Studien über den lokalen Lebenszusammenhang einzelner Städte und Regionen. Wenn man sich heute informieren will, wie leben Menschen in der Bundesrepublik oder noch moderner, wie leben Menschen in Europa, dann habe ich doch einen besseren Zugang, wenn ich auf Studien zurückgreife, die einen gesamtgesellschaftlichen Ansatz haben. Dies mag jetzt etwas überzogen klingen, aber diese Situation hat zu einem stiefmütterlichen Dasein der Stadtsoziologie im Konzert der anderen Teilsoziologien geführt, zumindest dazu, dass man nicht mehr den Gemeindestudien Priorität einräumte, sondern mehr und mehr wieder die Gemeindeforschung nur noch als eine Methode herangezogen hat.

Bertels: Gleichwohl kann man dagegenhalten, dass jede Stadt eine Filterwirkung auf die Bewohner hat. Also gesellschaftliche Vorgänge werden je individuell ausgeprägt. Beispiel: wenn man in Wolfsburg aufwächst wird man andere Berufe ergreifen, als wenn man in Berchtesgaden aufwächst.

Herlyn: Ja, völlig zu recht weisen Sie jetzt auf die schon Mitte der 1960er Jahre von Hans Oswald konstatierte lokale Filterwirkung hin, womit er die Legitimation einer soziologischen Analyse des örtlichen Zusammenlebens unterstreicht. Er sagt, dass „eine bestimmte Stadt durch ihre Eigenart. ... die Außeneinflüsse und die Möglichkeiten zu jeder beliebigen direkten oder indirekten Außenorientierung einschränkt. Bestimmte Einflüsse werden ausgeschlossen, andere dafür präferiert." Allerdings – und das soll hier nicht verschwiegen werden – kommt Oswald in seinem Buch „Die überschätzte Stadt" zu dem Schluss, dass das gemeindliche Leben daher nicht mehr der Ansatz zu ihrer Erforschung sein kann, während ich der Meinung bin, dass durch lokalbezogene empirische Studien, die gewöhnlich eine ganz andere Tiefenscharfe aufweisen gesellschaftliche Aussagen nuanciert und damit entscheidend bereichert werden können. Trotzdem ist nicht hinweg zu diskutieren, dass spezielle Stadtstudien in ihrer Reichweite häufig nicht das primäre Informationsbedürfnis erfüllen und daher in der Öffentlichkeit nicht so zur Kenntnis genommen werden, wie sie es vielleicht verdienen würden.

Bertels: Wagen wir einmal einen Blick über Deutschland hinaus. Es gibt derzeit einen rasanten Verstädterungsprozess in China. Sind da nicht die Gemeindeforscher geradezu aufgefordert aktiv zu werden?

Herlyn: Ja! Also wenn ich jünger wäre, würde ich meinen Koffer packen und würde nach China fahren und mich da als Berater einschalten. Dort werden zurzeit viele neue Städte aus dem Boden gestampft, die in vielen Hinsichten Nachbildungen europäischer Städte sind. Lange Zeit hat man gesagt, dass die Gründung neuer Städte der Vergangenheit angehört. Stattdessen sei es ökonomischer und auch sozial verträglicher, neue Stadtteile an schon bestehende Städte anzuhängen, also Stadterweiterungen anstatt Stadtneugründungen. Wie dem auch immer sei, die Tatsache, dass zurzeit in großem Maßstab neue Städte gegründet werden verleiht den Befunden über Neue Städte eine neue Aktualität.

Bertels: Nach dem kurzen Exkurs nun die Frage: Was könnten die mittelfristigen Perspektiven und Problemstellungen der Stadtforschung sein?

Herlyn: Das können verschiedene sein und die Beantwortung erfordert wohl ein neues Interview. Ich möchte an dieser Stelle lediglich drei Problemstellungen herausgreifen und in aller Kürze skizzieren.

Zum einen sicherlich die Entwicklung der Städte unter den Verhältnissen in der Globalisierung. Welche Kräfte können von der Lokalität, in der ich mich befinde, von den Lokalitäten heutzutage noch ausgehen? Gibt es von der Lokalität aus Gegengewichte zu sozialen Entwurzelungen? Was bedeutet es, wenn man von der Notwendigkeit einer gewissen Bodenhaftung spricht? Auch bei allen mit Globalisierungsprozessen verbundenen Entgrenzungen bleibt meines Erachtens heute eine gewisse Raumgebundenheit beziehungsweise Bodenhaftung notwendig, um den Aufbau von Identifikationsleistungen zu sichern. Die Menschen sind heute mehr als früher darauf angewiesen, in ihren Gemeinden einen sozialen Halt zu finden, der sie befähigt, einer globalisierenden gesellschaftlichen Entwicklung stand zu halten.

Eine weitere Problemstellung bei der Erforschung des lokalen Lebenszusammenhanges liegt in der Vermeidung besonderer sozialer Ungleichheiten, die sich aus den lokalen Strukturen ergeben. Soziologische Stadtforschung sollte es sich zur Aufgabe machen, strukturelle Ungleichheiten in einzelnen Teilräumen von Kommunen zu verhindern und für die zurückgefallenen Teile besondere Entwicklungschancen zu erarbeiten, um ihnen wieder den Anschluss an die gesamtgemeindliche sozioökonomische Entwicklung zu verschaffen.

Ein dritter Forschungsschwerpunkt wird auch für die nächsten Jahre die Analyse der Entwicklungen in den ostdeutschen Städten sein, die früher als die westdeutschen Städte schrumpfen und uns herausfordern, für diese Schrumpfungsprozesse geeignete Antworten zu finden. Es ist gar keine Frage, dass die strukturellen Angleichungsprozesse zwischen Ost und West rapide fortschreiten, aber trotzdem muss den spezifischen Problemen der zusammengekommenen Teile in der zukünftigen Stadtforschung genügend Raum gegeben werden.

Bertels: Ließe sich dann die Stadtforschung nicht tendenziell durch so was wie ein Monitoring ablösen?

Herlyn: Ja, im Einzelfall kann das zutreffen, besonders dann, wenn eine Langzeitperspektive bei einer bestimmten Fragestellung beabsichtigt ist.

Bertels: Es könnte dennoch eine kontinuierliche Berichterstattung, periodisch alle ein, zwei Jahre ausreichen.

Herlyn: Ja, das wäre im Einzellfall schon möglich, aber im Augenblick sehe ich nicht, wer zum Beispiel der Träger dieser kontinuierlichen Berichterstattung sein soll. Zurzeit wird erstaunlicherweise wieder die Frage diskutiert, ob die Abkehr von umfänglichen Gemeindestudien wirklich der Weisheit letzter Schluss war. Bei dem Bemühen, neue Orientierungen für die Stadtforschung zu finden wurde unter anderem in einem Rundgespräch prominenter Stadtsoziologen gefordert, konkrete Städte zu untersuchen und so die „eigensinnige Wirklichkeit von Städten zum zentralen Thema zu machen." Es wurde dort konstatiert, dass die Stadtsoziologie viel über die Stadt als Laboratorium der Gesellschaft, aber bislang nur wenig über die Stadt als distinktes Wissensobjekt der Sozialwissenschaften sagen könne. Dieser Einstellungswandel zugunsten der Wiederaufnahme konkreter Stadt- und Gemeindestudien mag nach dem Gesagten verwundern, zeigt jedoch, dass es nach wie vor einen Informationsbedarf über den lokalen Lebenszusammenhang gibt, der eigentlich nur von Stadtsoziologen befriedigt werden kann.

Bertels: Abschließend noch eine Frage: Wie würden Sie – plakativ formuliert – den Kern oder Ausgangspunkt stadtsoziologischer Fragen bezeichnen?

Herlyn: Es gibt zwei plastische Aussagen bekannter Soziologen, die die Bemühungen der Stadt- oder Raumsoziologie sehr gut zusammenfassen. Die eine – zu Anfang schon erwähnt – stammt von dem französischen Soziologen Chombart de Lauwe, der vor einigen Jahrzehnten gesagt hat: „Das Bild der Gesellschaft ist auf dem Boden geschrieben". Als ich neulich geflogen bin habe ich daran gedacht und habe versucht, das Bild der deutschen Gesellschaft aus dem Flugzeug abzulesen. Wo liegen die Gemeinden, wie groß sind Gemeinden, wie verlaufen die Verkehrsstraßen, wie sind die Zuschnitte der landwirtschaftlichen Felder und und und...

Man kann enorm viel aus dem räumlichen Niederschlag sozialer Prozesse über die Konstruktionsprinzipien einer Gesellschaft entziffern.

Stärker auf die Stadt konzentriert hat Wilhelm Heinrich Riehl vor langer Zeit gesagt „Der Stadtplan ist der Grundriss der Gesellschaft", womit er sagen wollte, an dem Stadtplan erkenne ich präzise, welche Gruppen was in diesem Bereich machen wollten, welche Lebensrealität für bestimmte Menschen entstanden ist. Und diesen Dingen nachzugehen, dafür lohnt es sich weiter, stadt- und raumsoziologisch zu arbeiten.

Bertels: Vielen Dank für das Gespräch.

Stadtgespräch mit Hartmut Häußermann

August 2007

Hartmut Häußermann

Bertels: Herr Häußermann, wie wurde Ihr Interesse an der Stadt- und Regionalsoziologie geweckt?

Häußermann: Für Stadtentwicklung und Fragen der Stadtpolitik habe ich mich in den frühen Siebziger Jahren begonnen zu interessieren, als es hier in Berlin große Auseinandersetzungen um die Stadterneuerung gab und der Widerstand gegen die Flächensanierung begründet werden sollte – eben auch sozialwissenschaftlich. Das war daher ein Thema, das auch in die soziologischen Institute, und nicht nur in die Planungsfakultäten getragen wurde. Schließlich haben wir angefangen, uns auch unter dem Aspekt damit auseinander zu setzen, dass das mögliche Berufsfelder für Soziologen sein konnten: die Beratung von Stadtplanung und Stadtpolitik.

Humboldt-Universität zu Berlin

Bertels: Und wie war das vom Studium her? Was haben Sie studiert?

Häußermann: Ich selber habe Soziologie studiert, mit den Nebenfächern Politologie und Ökonomie. Mit Stadtentwicklung habe ich mich erst nach dem Studium als wissenschaftliche Mitarbeiter zu beschäftigen begonnen. Ich hatte mich davor hauptsächlich mit Staatsorganisation, Bürokratie, Organisationssoziologie beschäftigt. Das war dann auch ein wichtiger Teil von Stadtforschung: wie ist Planung organisiert, wie können zum Beispiel demokratische Beteiligungsprozesse mit bürokratischen Organi-

60

sationen in Verbindung gebracht werden. Das war eigentlich der entscheidende Impuls für die nähere Beschäftigung mit Stadtsoziologie: Demokratisierung der Stadtplanung.

Bertels: Was sind für Sie die zentralen Fragen der Stadt- und Regionalsoziologie?

Häußermann: Die zentralen Fragen der Stadt- und Regionalsoziologie unterscheiden sich eigentlich nicht von denen der Soziologie insgesamt. Die Fragen nach der Sozialstruktur, die Beschreibung von sozialer Ungleichheit und von unterschiedlichen Lebensverhältnissen, Lebenschancen; dazu kommen Machtfragen, Fragen der Beteiligung, der Demokratie und so weiter. Alles das sind die Fragen, die für die Stadtsoziologie zentral sind. Es ist halt eine andere Ebene, ob ich die staatliche oder die städtische Ebene ins Auge nehme. Man unterscheidet ja Makro- und Mikrosoziologie. Die Stadt ist eine Mesoebene zwischen den kleinen sozialen Institutionen und den gesellschaftlichen Großorganisationen – für die aber die gleichen Fragen gestellt werden müssen.

Bertels: Ist das aus Ihrer Sicht in den letzten Jahrzehnten unverändert geblieben, oder sind einige Komplexe stärker in den Vordergrund gerückt und andere schwächer geworden?

Häußermann: Also früher war natürlich die Ökonomie der Städte, der Einfluss der Ökonomie auf die Stadtpolitik, auf die Stadtentwicklung sehr zentral. Das hat sich als Forschungsthema oder als Publikationsthema ein bisschen abgeschwächt; das haben wir sozusagen verstanden, dass die Städte nicht völlig frei handeln können, sondern dass sie immer in Kontexte eingebunden sind, bei denen die ökonomischen Rahmenbedingungen und die privaten Investoren eine große Rolle spielen, und dass es Einflussnahmen gibt in die politischen Entscheidungsprozesse, die direkt oder indirekt mit der Ökonomie zusammenhängen. Dass es das zentrale Problem der Stadtplanung in einer kapitalistischen Gesellschaft ist, öffentliche Ziele auf privatem Terrain verwirklichen zu wollen, hat ja zur Folge, dass immer Auseinandersetzung oder Kooperation oder Konsensfindung zwischen Öffentlichen und Privaten die Stadtpolitik bestimmt.

Und natürlich gibt es Verschiebungen bei den praktischen Problemen in den Städten, und das beeinflusst die Agenda der Stadtforschung. Das Thema der Segregation, der Ausgrenzung von bestimmten Gruppen, die Herausbildung von Vierteln mit einer hohen Konzentration von benachteiligten Bewohnern – das ist eine Erscheinung, die erst in den 1990er Jahren aktuell geworden ist, damit haben wir uns in den 1980er Jahren noch nicht so intensiv beschäftigt.

Bertels: Und die ganz neue Entwicklung ist durch die Demografiefrage, insbesondere das Schrumpfen der Städte gekennzeichnet. Sie haben es schon sehr früh konstatiert. Aber was ist hier das typische in der Postmoderne?

Häußermann: Also die Phase, die wir als modern bezeichnen, die moderne Stadtentwicklung, die kann man ansetzen mit dem Beginn der Industrialisierung bis in die zweite Hälfte des 20. Jahrhunderts hinein. Sie ist allgemein gekennzeichnet durch ein starkes Bevölkerungswachstum, insbesondere ein Wachstum der Städte. Durch die Wanderung der Bevölkerung in die Städte, dann durch die Suburbanisierung haben sich Stadtregionen herausgebildet. Das war alles ‚wachsende Stadt‘, sie musste in die Fläche wachsen. Durch den Wohlstandseffekt mit der Folge des zunehmenden Flächenverbrauchs pro Kopf sind die Städte noch stärker gewachsen als allein nur durch Addition von neuen Einwohnern. In der Postmoderne differenziert sich die Entwicklung nun sehr stark aus. Nun gibt es plötzlich auch einen gegenteiligen Typus von Stadt: die schrumpfende Stadt, in der nicht nur die Zahl der Bewohner abnimmt, sondern auch die Zahl der Arbeitsplätze, wo dann die ökonomischen Kreisläufe empfindlich gestört werden, so dass ein kumulativer Abwärtsentwicklungsprozess einsetzen kann, den eine Stadt von sich aus nur sehr schwer kontrollieren, wahrscheinlich auch nicht stoppen kann. Es entsteht also eine Polarisierung der Stadtentwicklung in einerseits schrumpfende, andererseits weiterhin stark wachsende Städte. Außerdem ist für die Postmoderne bedeutsam die Rolle, die die öffentliche Hand für die Stadtentwicklung spielt. In der Wachstumsperiode nach dem zweiten Weltkrieg sind die öffentlichen Interventionen immer ausgeweitet worden, es gab viel Geld beim Staat und bei den Gemeinden. Diese haben umfangreiche

Infrastrukturmaßnahmen finanzieren können, man hat eine groß angelegte Entwicklungsplanung für die wachsende Stadt betrieben. Das ist vorbei. Die Städte haben begonnen ihren Grundbesitz und kommunale Wohnungsgesellschaften zu veräußern, so dass die Rolle der Städte in der Stadtentwicklung heute eher die eines Beteiligten unter vielen ist, nicht aber mehr die des dominanten Akteurs. Nun werden die zivilgesellschaftlichen Prozesse wichtiger, andere Akteure, privat-öffentliche Partnerschaften, stärkere Beteiligung von Bürgern. Neue Formen von Steuerung entstehen, bei denen zwischen Staat und Betroffenen oder denjenigen, deren Problemen behandelt werden, neue Kooperationen entstehen.

Bertels: Sie haben die Rolle des Bürgers, des Citoyens schon angesprochen. Der ist gefragt, aber auch der Wirtschaftsbürger. Was kommt dem für eine Funktion im Zusammenhang mit den Deregulierungen, die überall festzustellen sind, zu?

Häußermann: Also es gibt drei Entwicklungen, die darauf hinauslaufen, den Bürgern in der Stadt eine andere Rolle zuzuweisen als in der Vergangenheit. Die erste Begründung ist die, die von Politiker selber häufig gegeben wird, dass der Staat nicht mehr alles regeln kann. „Wir haben nicht mehr genug Geld. Wir können das nicht mehr finanzieren". Die Bürger müssen sich dann selber um bestimmte Dinge kümmern. Seien es jetzt Grünanlagen oder seien es Bildungs-/ Kinderbetreuungseinrichtung oder auch im Bereich der Seniorenhilfe. Ein zweiter Anstoß kommt daher, dass in den 60er, 70er Jahren des 20. Jahrhunderts zusammen mit der Studentenbewegung allgemeine Demokratisierungsbewegungen entstanden sind mit dem dringenden Wunsch, auf Entscheidungen der Verwaltung Einfluss nehmen zu können. Die Ämter müssen sich heute stärker diesem Begehren öffnen. Zum Teil ist dies gesetzlich verankert worden. Es gibt jetzt überall Referenden; das gab es früher nur in Ausnahmefälle in den Ländern. Es gibt die gesetzlichen Vorschriften der Betroffenenbeteiligung in der Sanierung, bei der Bauleitplanung. Zusätzlich gibt es zahlreiche aktiv engagierte Bürger bei Initiativen gegen alles Mögliche, Antibewegungen also, die sehr mächtig sein können, weil sie meistens von wohlhabenden und einflussreichen Bürgern getragen werden. Und die dritte Quelle ist die, dass wir es in Städten immer häufiger mit Problemlagen zu tun haben, die tatsächlich nicht durch staatliches Handeln allein bearbeitet werden können. Denken wir an die Konzentration von sozialen Problemlagen in bestimmten Stadtteilen. Da kann die Stadt sicher einiges tun: Sie kann Möglichkeiten schaffen zur Beteiligung, für Eigenaktivitäten; sie kann Angebote machen für Weiterbildung und kulturelle Projekte. Sie kann sich um die Familien kümmern, aber sie kann im Grunde die komplexe Problemlage nicht aussichtsreich bearbeiten, die aus der Konzentration von gleich gelagerten Fällen entsteht. Wenn die Bürger nicht selber mit der Stadt kooperieren und sagen, wir wollen bestimmte Dinge hier gemeinsam regeln, dann kann sich nur wenig ändern. Also es gibt Grenzen des staatlichen Handels, es gibt Problemlagen, die nicht einseitig durch den Saat bearbeitet werden können, wo deshalb neue Formen im Verhältnis Bürger – Staat gefunden werden müssen. Das ist eine neue Kooperation zwischen Staat und Zivilgesellschaft.

Bertels: Ist nicht gerade der letzte Aspekt, den Sie schon angesprochen haben, in den USA relativ stark verbreitet, diese Volunteer-Bewegung – oder meinten Sie etwas anderes damit?

Häußermann: In den USA existiert die Tradition des community development, bei der Bürgerinitiativen bestimmte Aufgaben übernehmen oder erledigen, die bei uns traditionell bei der öffentlichen Hand liegen. Das ist eine ganz andere Tradition. Die Stadtverwaltung, die Stadt als eine Institution ist in Amerika dagegen sehr schwach. Es gibt fragmentierte Verwaltungseinheiten für verschiedene Aufgabenbereiche, es gibt nur einen kleinen professionellen Apparat als Stadtverwaltung, so dass schon immer die Zivilgesellschaft stärker an den öffentlichen Aufgaben beteiligt war. Die Community, also die Gemeinde, ist auch eine Gemeinschaft. Der Begriff der Gemeinschaft wird heute in den USA ohne die konservativen Assoziationen, die wir üblicherweise bei diesem Begriff haben, verwendet. Bei uns ist Gemeinschaft durch die konservativ reaktionäre Wendung, die die Gemeinschaftspropaganda bereits in den 1920er Jahren und dann insbesondere im Nationalsozialismus hatte, in Misskredit geraten. Das waren Vorstellungen, worüber man nicht gerne redete. Stadt ist in unserer Vorstellungswelt ja gerade nicht Gemeinschaft, ist vielmehr Anti-Gemeinschaft. Stadt ist Individualismus, ist Pluralismus, aber nicht

Gemeinschaftlichkeit. Und dadurch ist die Idee, dass lokale Einheiten, Nachbarschaften oder andere Organisationen in der Stadt gemeinschaftlich handeln können, bei uns in Vergessenheit geraten. Das kommt erst jetzt wieder stärker ins Bewusstsein.

Bertels: Was die Bürgerbeteiligungsfrage angeht, sagt der Begriff ja Bürger und das bedeutet in der Praxis, dass zum Beispiel die unteren Schichten relativ gering beteiligt sind. Da gibt es größere Probleme. Und gerade in den Bereichen, in denen besonderer Bedarf besteht, könnte eine größere Beteiligung erforderlich sein.

Häußermann: Das ist richtig. Der Begriff Bürger bezieht sich hier wahrscheinlich eher auf die Staatsangehörigkeit, auf die citizenship. Das besagt, wer Staatsbürger ist, soll sich an den Entscheidungen im öffentlichen Bereich beteiligen können – eine institutionelle Sichtweise, die einen Großteil der Bewohner aussortiert, weil die nicht deutsche Staatsbürger sind. Also wir haben keine Bewohnerbeteiligung, das haben wir nur im Sanierungsrecht, sondern in der Regel Bürgerbeteiligung und dadurch eine Erweiterung von staatlichen Entscheidungssystemen hinein in die Bürgerschaft. Aber gerade dort, wo die großen sozialen Probleme sind, haben wir auch die größten Anteile von Bewohnern, die nicht Staatsbürger sind. Sie finden dort aber auch die niedrigste Wahlbeteiligung bei den Wahlberechtigten. Ein großer Teil, manchmal dreißig bis vierzig Prozent der Bewohner, sind gar nicht wahlberechtigt, und von denen, die wahlberechtigt sind, gehen nur zwanzig Prozent zur Wahl, sodass wir eine ganz kleine, schmale politische Repräsentation dieser Gebiete haben.

Bertels: Das schlägt sich auch in der politischen Wahrnehmung nieder. Ausländerbeiräte haben beispielsweise eine äußerst geringe Legitimation. Weil da die Wahlbeteiligung noch geringer ist und eigentlich ist das wohl nicht das geeignete Instrument.

Häußermann: Ja, Ausländerbeiräte sind Teil einer patriarchalischen Politik gegenüber Ausländern oder Zuwanderern, die sich von oben freundlich herabbeugt und sagt: ach, da seid ihr ja, wollt ihr nicht auch ein bisschen mitreden, hier gibt es einen Rat, wählt doch eure Vertreter – die dann aber gar nichts zu entscheiden haben. Also das ist keine wirkliche Integrationspolitik, die Ausländerbeiratspolitik. Diese Beiratsphase ist aber weitgehend vorbei. Sie wird nicht mehr ernst genommen. Heute müssen Städte, wenn sie Integrationspolitik betreiben wollen, die Repräsentanten von Migranten in die Entscheidungsgremien nehmen. Und sie müssen dafür sorgen, dass die Migranten selber respektiert und anerkannt werden und Betätigungsmöglichkeiten erhalten – nicht nur ein paar Funktionäre.

Bertels: Derzeit haben wir es mit neuen Ungleichheitsrelationen zu tun. Auch unter den Ethnien gibt es verschiedene Ungleichheitsrelationen. Wir schließen von der deutschen Ethnie auf türkische, italienische und andere. Wahrscheinlich müssen wir viel differenzierter an diese Frage herangehen.

Häußermann: Ja. Wir haben eine Zunahme von Ungleichheit im sozioökonomischen Sinne in den Städten, wir haben mehr Reiche und mehr Arme in den Städten. Da ist die hohe Arbeitslosigkeit, die große Zahl von Menschen, die von Sozialtransfers lebt. Wir haben aber nicht nur eine größere Einkommensungleichheit, sondern wir haben auch mehr andere Ungleichheiten. Das sind ethnischen Ungleichheiten, oder auch nach Milieus, nach Lebensstilen strukturierte Ungleichheiten, die durchaus relevant sind. Die ethnische Zugehörigkeit ist bei uns, Gott sei Dank, noch nicht der Ausweis der Zugehörigkeit zu einer Unterschicht. Die Migrationsbevölkerung ist selbst in sich heterogen im sozioökonomischen Sinne. Aber das gilt doch für den großen Teil der türkischen Zuwanderer, die ohne Schulabschluss, oft gar ohne Schulbesuch und ohne berufliche Qualifikation unter heutigen Bedingungen ganz am Rande stehen auf dem Arbeitsmarkt, wo also die Zugehörigkeit zu einer ethnisch-kulturellen Gruppe häufig ein Indikator ist für eine prekäre soziale Situation – aber, wie gesagt, nicht bei allen. Generell wird unsere Gesellschaft heterogener, was die ethnische Zusammensetzung angeht, und dabei gibt es natürlich auch viele Migranten, die sehr gut integriert sind, sehr erfolgreich im Beruf, und die sehr gut in die deutsche Gesellschaft integriert sind. Dies ist ein Prozess, der für die Zukunft der Städte von entscheidender Bedeutung ist, nämlich dass dieser Heterogenisierungs- und Integrationsprozess bei der zugewanderten Bevölkerung gelingt. Das ist eines der Hauptthemen für die Quartiere mit der großen Konzentration von sozialen Problemen, wo sie ja heute Schulen haben, in denen die Migrantenkinder mit erheblichen Deutsch-Defiziten achtzig bis neunzig Prozent ausmachen. Die einheimischen, bildungsorientierten Eltern nehmen ihre Kinder aus solchen Schulen, und damit wird die Situation in diesen Schulen noch schwieriger. Im Endergebnis hinken dann die Schüler beim Leistungsniveau um ein, zwei Jahre hinter den anderen Schulen her. Das ist ein Integrationsproblem ersten Ranges.

Bertels: Zumal dann, wenn noch die freie Schulwahl etwa für Grundschulen möglich ist. Dann wird dieser Prozess, den Sie beschrieben haben, wahrscheinlich noch verstärkt.

Häußermann: Das Land Nordrhein-Westfalen hat es als erstes eingeführt, Hamburg inzwischen auch, dass man nicht mehr an Grundschuleinzugsbereiche gebunden ist – mit der Idee, dass dann die Eltern ihre Kinder zwar wo anders zur Schule bringen, aber doch wohnen bleiben, während man bei verpflichtenden Grundschuleinzugsbereichen ja wegziehen müsste, wenn man sein Kind in eine andere Schule bringen will. Die Mittelschicht verabschiedet sich daher aus den gemischten Gebieten. Da ist ein starker sozialer Segregationsprozess im Gange. Inzwischen haben aber auch viele Eltern, wenn sie der Mittelschicht zugehören, bildungsorientiert und ehrgeizig sind, Vermeidungsstrategien gefunden. Ihre Kinder schicken sie nie auf eine Schule, wo sie ihre Kinder nicht hinschicken wollen. Bei moderater Segregation im Quartier ist dann die Segregation in der Schule dennoch extrem hoch.

Bertels: Ich will noch mal zurückkommen auf die Problematik der demografischen Schrumpfung. Wie kann man damit auf der Ebene des Städtebaus oder der Stadtplanung umgehen? Es gibt da das Konzept der Entdichtung als Gegenmaßnahme, um auf diese Weise eine durchmischte Bevölkerung in die Innenstädte bekommen zu können.

Häußermann: Schrumpfungsprozesse sind nicht nur defizitär zu sehen. Das ist eine ökonomische Perspektive, dass Schrumpfen gleich negatives

Wachstum bedeute. Und das ist für Ökonomen ein Graus. Soziologen sehen auch neue Chancen für ein anderes städtisches Leben: wenn die Bevölkerungszahl abnimmt, wenn dadurch auch Mietepreise billiger werden, wenn die Verfügung über Räume, in denen man etwas selbst bestimmtes veranstalten kann, leichter wird – wenn es einfach mehr Platz gibt, der auch durch die Bewohner deshalb leichter angeeignet werden kann, weil es keine Konkurrenten gibt, die das mit viel Geld besetzen wollen. Natürlich ist es schwer für eine Stadt das Schrumpfen zu organisieren, es politisch zu steuern, zu planen, aber ein ungeplanter Schrumpfungsprozess macht, glaube ich, eine Stadt sehr ungemütlich und für niemanden attraktiv. Es müssen also Planungsverfahren für schrumpfende Städte gefunden werden, die zum Beispiel einen Rückbau, einen Abbau, einen Abriss von Häusern vom Rand her organisieren, sodass nicht die Mitte ausdörrt und verfällt. Die Stadt und das Stadtzentrum, wenn es ein historisches Zentrum noch gibt, kann aufgewertet und neu genutzt werden, so dass ein Anziehungspunkt auch für andere Leute entsteht. Die Ökonomie und das Dienstleistungsangebot in diesen Städten werden nicht gleich oder nicht einmal ähnlich dem sein, was man in den Städten mit starkem, ökonomischem Wachstum und mit hoher Kaufkraft findet. Es gibt aber seit einiger Zeit, das kommt von Italien her, eine Bewegung, die sich abkoppelt von der globalisierten Kultur und sich regionalen Kulturen und Kreisläufen zuwendet. Die nennt sich *slow food*, und es gibt auch *slow cities*, also Städte, die sich zu einem anderen Tempo bekennen, zu einer andern Auffassung vom Alltag. Die hätten in schrumpfenden Städten die besten Möglichkeiten, sich zu etablieren und Experimente eines anderen städtischen Lebens zu starten.

Bertels: Ist das sehr stark von der europäischen Stadt her gedacht, was Sie gesagt haben?

Häußermann: Das ist sicher stark europäisch gedacht, weil es an die europäische Stadtkultur anknüpft, weil hier Stadtzentren vorhanden sind, die eigene Qualitäten haben – entweder ästhetische oder räumliche Qualitäten, die für alternative Nutzer interessant sind. Wenn in den USA ein Stadtzentrum verfällt, es ist innerhalb von zwei Jahrzehnten eine Brache, und da ist dann nichts mehr, was attraktiv ist. Dort gibt es keine Stadt, die sozusagen ohne ihre Einwohner eine gewisse Zeit weiter lebt und für zukünftige Entwicklungen zur Verfügung steht, sondern verfällt gleich baulich und physisch und sozial – bis die großen Neuinvestitionen kommen und eine andere Stadt schaffen.

Bertels: Ich glaube, die würden diese Schärfe, wie wir sie sehen, so gar nicht aus ihrer Tradition heraus wahrnehmen.

Häußermann: Sie haben die Erfahrung mit den Goldrausch-Städten, die innerhalb von wenigen Jahren riesig gewachsen und innerhalb von wenigen Jahren wieder ganz geschrumpft sind, und von denen dann einige wieder andere Nutzungszyklen erlebt haben. Die Stadt Denver zum Beispiel, Goldrauschstadt, dann eine Stadt, die mit Chemieentwicklung zu tun hatte, ist heute vor allem eine Stadt des Tourismus und der Wissenschaft. Also in Amerika würde das viel nüchterner gesehen, weil es das bürgerschaftliche Sich-Zurechnen zu einer Stadt, die Identifizierung mit einer Tradition, diese Heimatbindung nur ausnahmsweise gibt. Da dominiert die Nutzenperspektive.

Bertels: Also die Urbanität so wie wir sie kennen, wie immer der Begriff auch zu fassen ist, haben sie nicht?

Häußermann: Ja, doch, es gibt die urbane Lebensweise natürlich in den amerikanischen Großstädten, gerade in den Einwandererstädten. Aber es gibt das urbane Leben mit einer entsprechenden baulichen Infrastruktur, mit einem historischen Stadtzentrum, das als Kulturgut anerkannt und auch öffentlich gepflegt wird, in das öffentliche Mittel fließen, das gibt es eigentlich nicht. Die meisten wohnen eh außerhalb der eigentlichen Stadt. Nur in wenigen Städten gibt es eine urbane Kultur.

Bertels: Ich will noch einmal zurück zur Schrumpfung kommen. Sie hatten gesagt: physische Raumstrukturen an den Rändern wegnehmen, um so die Städte zur Innenstadt hin zu verdichten. Das wäre eine Möglichkeit. Soweit ich es wahrnehme, wird das in Ostdeutschland besser praktiziert als in Westdeutschland. Kann das nicht auch mit den Macht- und

Herrschaftstraditionen, die in Westdeutschland bekannt sind, in Verbindung stehen?

Häußermann: Sie haben beim Rückbau das Problem, als Öffentliche Hand Partner zu finden. Die ostdeutschen Städte haben relativ schnell in diesem Prozess Erfahrung erwerben müssen. Dort gibt es in den Neubaugebieten die großen Wohnungsbaugesellschaften, denen manchmal die Hälfte der Stadt gehört. Da haben sie einen Partner am Tisch, der repräsentiert zwanzigtausend oder mehr Wohnungen, und der sagt, wir reißen zweitausend ab. Wo soll das sein? Das können Sie mit einem solchen Partner besprechen, und die suchen die Kooperation, weil sie in ihrem eigenen Interessen liegt. Wenn Sie aber jetzt für zwanzigtausend Wohnungen zwanzigtausend Eigentümer, oder sagen wir nur fünftausend Eigentümer haben, dann ist ein solcher Prozess schwer zu organisieren. Die Eigentumsstruktur spielt also eine wichtige Rolle, und dann natürlich die Frage: wer kompensiert eigentlich die Verluste? Der Markt würde so funktionieren: es gibt Leerstände, die Häuser sind nichts mehr wert, und dann ist Schluss mit der Geschichte. Das können sie in jeder amerikanischen Stadt sehen. Das ist aber bei uns nicht so, weil viele Eigentümer noch hoffen, dass es sich nur um eine vorübergehende Phase handelt. Die Hauspreise sinken nicht in dem Maße, wie sie es eigentlich tun müssten aufgrund der aktuellen Nachfrage. Und es gibt viele Verweigerer unter den privaten Eigentümern, die sich einfach nicht von ihrem Grundbesitz lösen können aufgrund ihrer Beziehung, die sie zum Eigentum haben. Aber es gibt auch die Fälle, die erkennen: das ist jetzt vorbei, der Verwertungszyklus ist am Ende, das Haus ist nichts mehr wert. Wir geben es der Stadt, sie kann damit machen, was sie will. Da das aber selten passiert, gehen die Städte dazu über, den Eigentümern anzubieten: wir sichern dir zu, dass du in zehn Jahren das Grundstück wieder haben kannst, wenn du es der Stadt jetzt für zehn Jahre überlässt. Wir reißen das verfallene Haus ab, wir machen einen temporären Park, und in zehn Jahren kannst du eine neue Entscheidung darüber treffen, ob du wieder investieren willst. So kann es gehen, aber es ist mühsam und kostet Geld und überfordert daher die meisten Städte.

Bertels: Kommt nicht noch hinzu, dass in Westdeutschland, auch in den alten, traditionellen Industrieregionen an Ruhr und Saar anders gedacht wird? Man hofft immer darauf, es kommen wieder Zuzüge, und man hat eine ambivalente Haltung eingenommen. Auf der einen Seite sieht man die Schrumpfung, und hat die Prognosen vor Augen, glaubt denen aber nicht so recht aufgrund der Erfahrungen, die schon mal zum Beispiel Ende der 1980 Jahre mit erheblichen Zuzügen machte.

Häußermann: Ja. Das Problem ist, dass eine Stadt, ein Bürgermeister oder ein Rat eigentlich nicht in der Lage sind, für einen Schrumpfungsprozess als ein politisches Ziel zu formulieren. Kein Bürgermeister kann sich hinstellen vor seine Gemeinde und sagen: ich arbeite jetzt mit dem Ziel, dass wir in fünfzehn Jahren dreißig Prozent weniger Einwohner haben. Man sagt ihm dann: Spinnst du? Das wollen wir nicht, wir wollen stabil sein. Jeder Bürgermeister ist gezwungen zu sagen: wir wollen stabil bleiben, wir wollen wachsen, wir wollen Geld erwerben für Investitionen, wir wollen die Zahl der Arbeitsplätze vergrößern, wir versuchen das alles – sonst ist er doch weg vom Fenster. Es gibt keine politisch attraktive Formulierung eines Schrumpfungszieles. Und es gibt bisher keine positive Vorstellung von einer geschrumpften Stadt. Ich hab jedenfalls so etwas bisher noch nicht gesehen. Städte versuchen, wenn sie intelligente Politik machen, das Schrumpfen so langsam zu akzeptieren, aber erst, wenn es ganz unausweichlich geworden ist. Das hat zwanzig Jahre gedauert, aber gleichzeitig wird doch immer noch darauf gesetzt, dass morgen wieder das Wachstum einsetzen kann, und dass man wieder auf der alten Schiene weiter fahren kann.

Bertels: Ist das Westdeutschland oder Ostdeutschland?

Häußermann: Das ist Westdeutschland. Vor allem in Westdeutschland, immer noch auch im Osten. Aber im Osten sind die Schrumpfungsprozesse inzwischen so übermächtig, dass sich jeder lächerlich machen würde, der das negieren wollte. Auch die großen Städte haben lange gebraucht, bis sie akzeptiert haben, dass eine Entwicklung eintreten wird, die langfristig kein Wachstum mehr mit sich bringt. Aber hoffen tut es dennoch jeder.

Bertels: Herr Häußermann, ich würde gerne einen anderen Themenbereich ansprechen. Neben der demographischen Entwicklung haben die neuen Technologien, insbesondere die unräumlichen Informations- und Kommunikationstechnologien eine hohe Bedeutung auch für die Raum- und Stadtstruktur erlangt. Wie sehen Sie dieses Problem?

Häußermann: Wir beschreiben das üblicherweise als die Entlokalisierung von wirtschaftlichen und sozialen Beziehungen. Das ist tatsächlich im Gang. Man kann heute nur noch schwer das Verhalten von Menschen auf die Zugehörigkeit zu einer bestimmten Nachbarschaft zurückführen. Die überlokale Kommunikation und die Verkehrskreise machen jeden heute zu einem Mitglied in einem sozialen Netz, das nur noch in Ausnahmefällen auf die Nachbarschaft beschränkt ist. Das ist nur noch bei der untersten Unterschicht der Fall, dass sich alle Lebensbeziehungen auf einen lokalen Kreis beschränken. Dort haben die Nachbarschaften tatsächlich noch Einfluss auf das Denken und Handeln von die Menschen. Wir nennen das Kontexteffekte. Aber für die meisten Bewohner sind die Kommunikations- und die Mobilitätsmöglichkeiten so groß und auch so billig geworden, dass sie überlokale Beziehungen pflegen und sich ihre Nachbarn gleichsam aussuchen können. Man muss nicht mehr diejenigen, die neben dran wohnen, im sozialen Sinn als Nachbarn haben. Das hat Einfluss auf die Quartiere, weil dort die interne Kommunikation schwächer wird. Die lokalen Beziehungen sind schwächer geworden. Aber es gibt Gegentendenzen, auch hier gibt es eine Gegenbewegung.

Bertels: Ich wollte gerade sagen… Da sind die Architektur und der Städtebau anders…

Häußermann: Was wir heute sehen ist, dass junge Leute, die ihre berufliche Ausbildung abgeschlossen haben und Kinder kriegen – oder auch nicht – und in einer Paarbeziehung zusammenleben, nicht mehr in Scharen die Städte verlassen, wie das noch in den 1970er-1980er Jahren ganz selbstverständlich war. Wer ein Kind kriegte und dazu die Mittel hatte, zog an den Stadtrand oder ins Umland, um dort ein Eigenheim zu erwerben. Mit dem Auto wurde dann hin und hergefahren. Die Frau blieb draußen, transportierte die Kinder zwischen Schule, Sport, Kultur, Gymnastik und sonst was. Die Suburbanisierung, der beständige Strom von Haushalten mit höheren Einkommen aus den Innenstädten führte in eine suburbane Lebensform, in deren Zentrum die Hausfrau stand. Das ist in den 1960er und 1970er Jahren eine sehr attraktive Form des Lebens gewesen. Heute ist das nicht mehr so häufig der Fall, und meine Erklärung dafür ist die gewandelte gesellschaftliche Rolle der Frauen. Die Paarbildung, das wissen wir in der Soziologie ja seit langem, ist sehr stark schicht- und lebensstilspezifisch. Wenn Leute zusammenleben wollen, entscheiden sie über Partnerin oder Partner sehr genau nach einer kulturellen Entsprechung. Passt er zu mir, passt sie zu mir oder nicht? Und deshalb sind Paarbildungen kulturell in der Regel sehr homogen. Geheiratet über Schichtgrenzen hinweg wird selten. Früher waren die Frauen seltener akademisch qualifiziert und haben häufig in Berufen arbeiten müssen, die sie nicht sehr gern mochten. Sie waren deshalb mit der Alternative, Hausfrau zu sein, offensichtlich ganz zufrieden. Heute sind aber Frauen nahezu genau so häufig akademisch qualifiziert wie Männer. Wenn die sich nun zusammentun und Kinder kriegen, dann ist es keineswegs mehr selbstverständlich, dass sie ins Umland ziehen und die Frau zu Hause bleibt. Beide müssen sich an einem flexiblen, immer unsicherer werdenden Arbeitsmarkt behaupten. Sie müssen dieses Leben mit dem Kind, mit der Schule, mit ihren eigenen Freizeitbedürfnissen in Übereinstimmung bringen. Das ist ein sehr komplexer Vorgang, und die neue Balance zwischen Arbeiten, Leben und Familie zu organisieren ist viel eher in den funktionalen, vielfältigen Altbaugebieten mit einer diversifizierten Infrastruktur möglich.

Das kann man am Stadtrand nicht machen, denn dort braucht man immer eine Person, die den Haushalt organisiert, und eine Person, die das Geld dafür verdient. Heute gibt es einerseits diese eine Person, die ausreichend und regelmäßig Geld verdient, nicht mehr so häufig, denn auch die Männer haben kurzfristige Verträge. Und die Frauen können auch nur in kurzfristigen Beschäftigungsverhältnissen am Arbeitsmarkt überleben. Also können sie sich nicht mehr für dreißig Jahre verschulden. Die beruflich qualifizierten Frauen wollen auch gar nicht zu Hause bleiben, sie wollen sich nicht mehr von der Berufstätigkeit zugunsten des Hausfrauendaseins verabschieden. Also geht der Umfang der Suburbanisierung zurück. Man muss und will in der Stadt bleiben. Das ist eine neue Entwicklung, die manche Revitalisierung der Innenstadt nennen, manche sagen Renaissance der Städte. Die innenstädtischen Gebiete wieder attraktiver für junge Familien. Sie können das hier in den Altbaugebieten rundum beobachten. Die Spielplätze sind voll, Frauen haben nicht mehr nur ein Kind. Es gibt also neue Potenziale für die alten Stadtbereiche.

Kollwitz Platz Berlin

Bertels: Kann sich urbanes Leben eigentlich ohne besondere Raumstrukturen entwickeln? Sie hatten ja schon angedeutet, dass die heutigen Beziehungen häufig überörtlich organisiert werden, aber die Frage ist, kann man dann noch von urbanem Leben sprechen?

Häußermann: Urbanes Leben hat verschiedene Facetten, verschiedene Aspekte. Das eine ist urbanes Leben als Geisteshaltung. Der distanzierte, blasierte, reservierte Großstädter, wie ihn noch Simmel beschrieben hat, der sich für den anderen nicht interessiert, weil der ihm zu fremd ist und ihm auf die Nerven geht in der Großstadt.

Bertels: Kommt ja auch aus der Not heraus...das kann er gar nicht verarbeiten.

Häußermann: Ja, der sagt, hier sind mir zu viele verschiedene Menschen, damit komme ich nicht gut klar. Ich bleibe lieber für mich, die anderen sind mir gleichgültig. Und sie schaffen dadurch einen Freiheitsraum für die anderen, so zu bleiben wie sie sind. Denn es gibt keinen Anpassungszwang. Das ist eine urbane Geisteshaltung. Dann gibt es das urbane Leben als Lebensführung: dass man sehr öffentlich lebt, dass man nicht die Privatheit kultiviert wie das noch im Biedermeier und davor der Fall war; man pflegt einen Lebensstil, der die öffentliche und die private Infrastruktur, die Kultureinrichtungen, Kneipen, Gastronomie, weitere Konsumangebote sehr stark in Anspruch nimmt und an öffentlichen Kommunikationsprozessen teilnimmt, an politischen und sozialen Bewegungen, Initiativen und so weiter. Die soziale und kulturelle Heterogenität der Quartiere nimmt ab im Zuge der Ausdifferenzierung von verschiedenen Milieus. Die unterschiedlichen Milieus leben nicht oder selten in einem Quartier zusammen, wenn es Möglichkeiten zum Ausweichen gibt. Und je mehr Wohnraum zur Verfügung steht, desto leichter es ist, sich eine Wohnung zu beschaffen in einem Gebiet, wo man Leute findet, die sind wie du und ich. Dadurch nimmt die Heterogenität ab. Heterogenität auf engem Raum hat aber, wie Simmel behauptet hat, die urbane Geisteshaltung produziert. Wenn es urbane Geisteshaltung heute noch gibt, und die gibt es natürlich, dann ist es mehr ein Produkt der intellektuellen Anstrengung, aber nicht mehr ein Produkt der erzwungenen Koexistenz im Quartier. Die städtische Lebensweise ist insofern verallgemeinert, ubiquitär geworden, ist nicht mehr abhängig von der physischen Struktur der Stadt.

Bertels: Heißt das, dass jemand, der urban leben will, nicht unbedingt die Stadt braucht?

Häußermann: Ich denke, dass bestimmte Seiten des städtischen Lebens heute ohne die Stadt möglich sind, das ist mehr eine Frage des Lebensstils. Wenn sich die Städte wirklich so ausdifferenzieren und entmischen, verlieren wir die alltägliche Erfahrung der Fremdheit, die Heterogenität, die Anregung, die durch die Gleichzeitigkeit von verschiedenen Lebensstilen und Kulturen auf engem Raum tatsächlich entsteht. In der Stadt bilden sich aber immer wieder auch solche Orte, neue Mischungen, wo sich neue Entwicklungen kulturellen Ausdruck verschaffen, die Infrastruktur prägen und die dann auch sehr anziehend sind, insbesondere für jüngere Leute. Aber in den Städten bilden sich heute eben auch mehr Dörfer. Leute mit ähnlicher Geisteshaltung, mit ähnlicher Lebensweise, die Fremde oder Andere nicht mögen, die finden sie überall. Es gibt in den Städten Widerstand gegen Moscheebauten, aber es gibt auch die Akzeptierer. Manchmal werden die Fremden sogar gejagt und geschlagen, denn eine muffige, dumpfe, nicht urbane Gesinnung hat in den Städten auch ihren Ort.

Bertels: Ist denn eigentlich urbanes Leben auch dann denkbar, wenn man sozusagen virtuelle Dörfer schafft, wenn man in das Internet geht? Da gibt es durchaus eine hohe Beziehungsdichte. Dies könnte ja auch förderlich sein für bestimmte Formen von urbanem Leben.

Häußermann: Es wurde ja als eine positive Eigenschaft der großen Stadt beschrieben, und das geht auch zurück auf Simmel, dass sie leichter zugänglich ist für das Fremde, weil die Stadt nicht ein geschlossener Verband ist, sondern ein großer sozialer Raum, in dem plurale Verhältnisse herrschen. Denn wo viele verschiedene Gruppen und Menschen leben, ist es für Fremde leichter, sich zu bewegen und sich zu integrieren als in einem Dorf, wo er ja sofort erkennbar wird als Fremder. In der Internetkommunikation ist diese Art von Anonymität gesteigert. Während man in der Stadt jemandem immerhin noch ansieht, ob er schwarz oder weiß ist, oder Mann oder Frau, geht das im Internet gar nicht mehr. Sie können einen beliebigen Namen bei der Kommunikation angeben, von ihrer Hautfarbe oder ihrer Muttersprache erfährt man, wenn in Englisch kommuniziert wird, nichts. Die Anonymität und daher die Möglichkeit, sich in Kommunikationsnetze zu integrieren, die nicht viel über mich wissen und deshalb auch keine Kriterien finden können, mich auszuschließen, ist viel größer. Das ist ein sehr urbaner Aspekt der Internetkommunikation, diese ist daher zunächst noch liberaler als die urbane Welt, wo es eine Kontrolle durch die Visibilität von Unterschieden gibt. Aber was natürlich auch viel leichter ist im Internet ist, dass, wenn mir irgendwas nicht gefällt, mache ich Klick und bin weg. Das heißt, ich muss mich keiner Zumutung von Fremdartigkeit oder von anderen Meinungen aussetzen, vielmehr kann ich noch leichter und noch feiner und noch sensibler die Ecken und die Kreise finden, wo sich die Leute aufhalten, die ganz nach meinem Geschmack sind. Die Herausforderung des städtischen Lebens, die Zumutung durch das Fremde und die Konfrontation mit unbekannten Erfahrungen, die Eröffnung von Möglichkeiten, die Anregung von Fantasie in sozialer und kultureller Hinsicht – das alles entfällt im Internet, wenn ich nicht will. Trotz geringerer primärer Selektivität entsteht also eine feinkörnige Selektivität der Erfahrung. Das ist eine kulturelle Verarmung.

Bertels: Das wäre sicherlich ein interessanter Forschungsgedanke, den man auch in Zukunft wahrscheinlich noch verfolgen muss…

Häußermann: Es gibt ja Forschung über lokale communities, über Nachbarschaften und die Bedeutung von Internetkommunikation – wobei sich zeigt, dass keineswegs einlineare Folgerungen zu ziehen sind. Häufig werden lokale Netzwerke durch das Internet erst möglich, kommen Kontakte zustande und werden gefestigt. Die direkte lokale Kommunikation wird zunächst ersetzt durch die Internetkommunikation, aber diese bahnt persönliche Kontakte auch an. Die Zugehörigkeit zum einem Ort spielt nach wie vor eine Rolle. Das sind sehr widersprüchliche Entwicklungen.

Bertels: Das könnte man als Wechselwirkungsprozess im Simmel'schen Sinne begreifen. Ich komme jetzt auf ein gesellschaftspolitisches Problem, das wahrscheinlich eher regionalsoziologisch zu verorten wäre. Nämlich die Frage, dass sich Städte und Regionen in Ost- und Westdeutschland seit der Vereinigung ganz unterschiedlich entwickeln. Von der Verfassung her gibt es den Auftrag, gleichwertige Lebensverhältnisse in allen Landesteilen zu schaffen. Das ist offenbar nicht realisiert worden. Sehen Sie da noch stärkeren gesellschaftlichen Konfliktstoff?

Häußermann: Angesichts der regionalen Disparitäten, die immer mehr zunehmen, gibt es zwei Möglichkeiten: man kann am Ziel der Schaffung gleichwertiger Lebensverhältnissen festhalten, aber der Begriff Gleichwertigkeit wird sehr gedehnt und kann sehr Verschiedenes bedeuten. Oder man kann sagen, daran halten wir nicht mehr fest, weil die Realität die Lebensverhältnisse schon so weit auseinander geführt hat, dass man sich was in die Tasche lügt, wenn man an der Vorstellung von gleichwertigen Lebensverhältnissen festhält. Hier wohnen immer mehr Reiche, hier wohnen immer mehr Arme. Hier wohnen immer mehr, hier wohnen immer weniger Menschen. Die Gleichwertigkeit der Lebensverhältnissen wird heute schon so interpretiert, dass sich dort, wo die ökonomische und demografische Entwicklung dazu führt, dass Regionen schrumpfen, dass Städte schrumpfen, der Staat sich zwar nicht einfach zurückziehen, aber die Entwicklung auch nicht wirklich beeinflussen kann. Er muss wohl aus landespflegerischen oder aus kulturellen Gründen dafür sorgen, dass Menschen, die dort leben bleiben wollen, das auch tatsächlich können. Aber die Bewohner können natürlich nicht erwarten, dass sie die gleiche Infrastrukturversorgung bekommen wie Bewohner in dichten Agglomerationen. Der Weg zum nächsten Krankenhaus beträgt dann halt zweihundert Kilometer. Man wird keine Gemeinde, keinen Landkreis, keinen Staat dazu zwingen können, ein Krankenhaus in fünfzig Kilometer Entfernung zu garantieren. Die Gleichwertigkeit wird also in einer größeren Bandbreite interpretiert werden, und dabei spielen dann auch die bereits erwähnten anderen Lebensentwürfe, andere Lebensweisen, andere Wirtschaftsweisen eine Rolle. Das ist vielleicht sogar eine Befreiung für manche Gebiete, dass sie sich nicht immer messen lassen müssen am Wachstum der Industrie in München, sondern dass sie selbstbewusst sagen können, wir sind anders, wir machen etwas anderes, wir leben hier aus Gründen, die andere sind, als die viel Geld zu verdienen. Zum Karriere machen müsste man halt wegziehen.

Bertels: Gut, dann ist natürlich die Frage, ob dieser unbestimmte Rechtsbegriff soweit dehnbar ist, oder ob man nicht eine andere Kategorie sinnvollerweise benutzen sollte. Wir bewegen uns auf einem unsicheren Feld. Die Frage ist, ob er tauglich ist.

Häußermann: Ich würde an dem Wort gleichwertig oder dem Wort Gleichheit schon festhalten, schon um nicht zu signalisieren, der Staat habe damit nichts mehr zu tun. Sonst könnte sich die alte ökonomisch-liberale Vorstellung verfestigen, es gibt wachsende und es gibt schrumpfende Regionen, es gibt halt Entleerungsregionen, die sollen sich ohne staatliche Begleitmusik so entwickeln wie der Markt es richtet. Es gibt doch eine soziale und eine kulturelle Verantwortung gegenüber allen Regionen und Städten und gegenüber Menschen – und auch die Verpflichtung, ihnen ein menschenwürdiges Leben zu ermöglichen. Dass man nicht das gleiche Ausstattungsniveau erwarten kann wie in den großen Städten, das ist klar. Aber den Kindern und Jugendlichen müssen Angebote gemacht werden, die ihnen die Lebenschancen nicht verschließen. Da muss man über neue Konzepte nachdenken, boarding schools, Internate zum Beispiel, die die Kinder in ihren Heimatregionen lokal zusammen bringen während der Woche, am Wochenende könnten sie nach Hause. Je weniger Menschen in einer Region leben, desto mehr Fantasie muss man entwickeln, wie man das Leben auf neue Weise organisieren kann, und Abschied von dem Bild nehmen, man befinde sich in einer zurückgebliebenen, nachholenden Entwicklung, und irgendwann werde es auch so sein wie in Berlin oder in Hamburg.

Bertels: Also es ist eher ein Appell an mehr Kreativität in diese Richtung.

Häußermann: Der Druck ist noch nicht groß genug, jetzt wird erst mal mit Zwergschulen operiert, wie es sie in der 1960er, 1970er Jahren schon gab. Das ist sicher eine Möglichkeit, den Grundschulzeitraum zu überbrücken. Aber sobald es in die weiterführenden Schulen geht, und die sind ja immer wichtiger, gibt es keine alten Rezepte mehr. Eine qualifizierte Schulbildung ist für die berufliche Entwicklung zentral.

Bertels: Herr Häußermann, wo sind die neuen Herausforderungen, die neue Aufgabefelder, die Sie in naher Zukunft für die Stadt- und Regionalsoziologie sehen?

Häußermann: Eine der Hauptherausforderungen für die Stadtentwicklung ist die Bewältigung des demografischen Wandels, der zu einer ganz anderen ethnischen Zusammensetzung führt. Unsere Städte entwickeln sich von kulturell homogenen deutschen Städten zu internationalen Städten. Und das ist mit Konflikten, mit Brüchen, mit großen Ungleichheiten, mit großen Benachteiligungen und mit großen Integrationsproblemen verbunden. Dies ist nach meiner Ansicht eines der Hauptthemen der Stadtsoziologie in den nächsten zehn, zwanzig Jahren. Damit eng verbunden sind die wirtschaftlich induzierten Veränderungen, denn wir wissen ja, dass die Industrie aus den Städten weitgehend verschwindet, und dass wir weitgehend eine Dienstleistungsökonomie haben mit Arbeitsplätzen, für die hohe Qualifikation verlangt werden. Das sind die stärksten Wachstumsbereiche. Ob es sich um Kommunikations- oder Kulturberufe handelt, um Forschung, Entwicklung oder Beratung. Das sind die Tätigkeiten, die in der Zukunft in der Stadt eine große Rolle spielen. Wie es eine Stadt organisieren kann, die Chancen dieses Wachstums allen Bewohnern der Stadt zu eröffnen, das ist eine zentrale Frage. Bis heute wissen wir in der Stadtsoziologie auch noch unglaublich wenig über die Lebensbedingungen, über die Vorstellungen vom Wohnen der Immigranten. Täglich nimmt der Anteil der Migranten in der Bevölkerung zu. Aber wie sie leben, wie sie leben wollen und warum sie so leben, wie sie heute leben, darüber wissen wir herzlich wenig. Welche Vorteile, welche Nachteile die ethnische Konzentration hat, dazu gibt kein gesichertes soziologisches Wissen – aber alle reden über Parallelgesellschaften auf der Basis ihrer soliden Vorurteile.

Bertels: Ein anderes zentrales Problem in der jüngeren Diskussion ist die Zwischenstadt. Was bedeuten soll, dass es die herkömmlichen Städte nicht mehr gibt, dass in bestimmten Bereichen, insbesondere in den alten Kernen, sich neue Strukturen herausgebildet haben, die weder Stadt noch Land sind. Diese sind ungeplant gewachsen. Damit ist die Frage nach einem räumlich-funktionalen Ordnungskonzept verbunden. Wie würden Sie mit dieser Thematik umgehen?

Häußermann: Ich persönlich glaube, dass das, was mit dem Begriff Zwischenstadt thematisiert wird, ein Ergebnis der Entwicklungen der 1970er und 1980er Jahre war, und dass diese in dem Begriff verdinglicht, verstetigt und naturalisiert werden. Da hat man gesagt, hier entsteht eine ganz andere Stadt. Das ist weder Stadt noch Land. Das ist aber eine alte Entwicklung, die gab es schon immer. Sie hat zwar in der alten Bundesrepublik in den 1970er, 1980er Jahren sicherlich ihren Höhepunkt erreicht, aber es ist kein grundsätzlich neues Thema, und möglicherweise auch schon überholt. Mir berichten Kollegen, dass sogar in Amerika die jüngeren, die qualifizierten Leute aus den Vorstädten wieder zurück in die Städte ziehen. Bei uns bleiben die jüngeren Leute heute häufiger in der Stadt als es früher der Fall war, darüber haben wir bereits gesprochen. Ich glaube, das Thema der Zukunft ist die Stadt, und nicht die Vorstadt.

Bertels: Welche Konsequenzen hat das dann wieder für die Ausbildung von Stadtsoziologen? Denken Sie an die neuen Studiengänge, an die neuen Strukturen. Die Frage der Interdisziplinarität spielt ja auch eine Rolle…

Häußermann: Die Stadt ist ja ein Gegenstand, den sich keine einzige Disziplin erschöpfend erschließen kann. Notwendig ist immer ein interdisziplinärer Zugang von Soziologie, Politikwissenschaft, Ökonomie, Geographie, Kulturwissenschaft und so weiter. Sie können fast alle Wissenschaften dazuzählen. Eine Katastrophe ist die Entwicklung der Studiengänge an den Universitäten durch die Bachelor- und Masterverengung, weil dort ja alles ganz genau vorgegeben ist, was man lernen muss – Interdisziplinarität gibt es dort praktisch gar nicht mehr. Die interdisziplinären Studiengänge haben es zurzeit durch die Rückbesinnung auf die fachlichen Grenzen besonders schwer. Und das setzt sich in Deutschland sogar im Masterstudiengang noch fort. International ist das eigentlich ganz anders. Das Niveau des Masters soll ja gerade so sein, dass man komplexe Zusammenhänge interdisziplinär bearbeiten kann – ein Master in Urban Studies wäre ohne weiteres denkbar. Aber bisher ist das in Deutschland noch nicht entwickelt. Das wird sicher bald kommen.

Bertels: Ich bin mir nicht ganz sicher, ob es so was wie Interdisziplinarität überhaupt geben kann. Ob es nicht eher eine Addition von verschiedenen Fächern ist, was ja auch schon was wäre.

Häußermann: Was wir unter Interdisziplinarität verstehen ist doch die Zusammenarbeit von verschiedenen Wissenschaftsdisziplinen. Und in der Zusammenarbeit bleiben sie nicht so, wie sie zusammen angefangen haben. Es bildet sich eine interdisziplinäre Kommunikation und auch eine Sichtweise heraus, die man hinterher gar nicht mehr so genau beschreiben kann. Ich bin da auch eher vorsichtig und nicht ein riesiger Freund einer Interdisziplinarität an sich. Es gibt aber bestimmte Dinge, die man einfach besser versteht, wenn man es mit anderen zusammen macht – und dazu gehört das Städtische.

Bertels: Sollte eine Praxisphase für Stadt- und Regionalsoziologen eingeführt werden?

Häußermann: Ja das ist anders gar nicht denkbar. Kann ich Stadtsoziologie studieren, ohne mal in einer Behörde, oder in einer städtischen Initiative, oder in einem Sozialamt zu Gast gewesen sein? Oder in einem Planungsbüro, in einem Forschungsinstitut, das sich mit Stadt beschäftigt? Das ist unbedingt notwendig.

Bertels: Sehen Sie da überhaupt Felder, oder ist das ein äußerst schwieriges Problem für Soziologen dort tätig zu werden? Die meisten sind ja schon besetzt von Architekten, oder...

Häußermann: Mit dem Wandel der Ökonomie ist verbunden, was mit dem amerikanischen Begriff der *creative industries* beschrieben wird. Es gibt eine zunehmende Verflechtung von beruflichen Tätigkeiten aus Technik, Kultur, Ökonomie und Jura bei der Entwicklung neuer Ideen im kulturellen Bereich, aber auch im ökonomischen Bereich und im Sozialbereich. Studenten, die sich mit Stadt beschäftigen oder mit Stadtentwicklung, müssen wissen, was Urbanität ist oder wie eine Stadt funktioniert. Die werden als Arbeitskräfte sehr wohl nachgefragt werden, gerade auch in diesen Bereichen. Event-Organisation, soziale Stadtentwicklung, politische Beratung – da gibt es großen Analysebedarf. Die städtischen Themen sind wieder stärker im Kommen.

Bertels: Ich würde gerne mit einem Thema schließen, das eher theoretisch orientiert ist, nämlich der Frage, ob wir eine Stadt- oder eine Raumsoziologie brauchen.

Häußermann: Stadtsoziologie ist ja nichts anderes, als sich mit einem Raum zu beschäftigen, mit einem sozialen Raum. Eine Analyse von sozialen Beziehungen, ohne räumliche Aspekte zu berücksichtigen, ist eigentlich auch kaum vorstellbar. Deshalb wundert es mich sehr, wenn heute eine Raumsoziologie als eine neue Teilsoziologie propagiert wird. Die räumlichen Bezüge und die räumlichen Dimensionen müssten in der Analyse sozialen Handelns doch immer schon enthalten sein. Und einen Raum an sich kann ich mir sowieso nicht vorstellen. Der ist das Ergebnis von sozialem Handeln. Wenn wir in der Stadtsoziologie soziales Handeln in seinen physischen Bedingtheiten und räumlichen Bezügen analysieren, analysieren wir auch den Raum.

Bertels: Ja, Sie wissen aber, dass einige Theoretiker der Sozialwissenschaften auch ohne den Raum auskommen.

Häußermann: Ja, das ist richtig. Ökonomen vor allem. Ökonomen kennen bis heute überwiegend keinen Raum. Das sind immer Punktökonomien. Da wird abstrahiert von der Realität. Und das ist bei ökonomistisch denkenden Soziologen eben auch der Fall. Aber die können dann Einflüsse nicht adäquat erklären, die nicht auf intentionales Handeln zurückzuführen sind. Und bei den neueren Ansätzen der Sozialstrukturanalyse, die mit Milieubegriffen arbeiten, spielen räumliche Vorstellungen immer eine Rolle. Bourdieu sprach ja von der Gesellschaft als sozialem Raum.

Bertels: Vielen Dank.

Häußermann: Bitte.

Stadtgespräch mit Bernhard Schäfers

November 2007

Bernhard Schäfers

Bertels: Herr Schäfers, Sie haben über viele Jahre das Fach Soziologie an der Universität Karlsruhe vertreten und gelten als Pionier der Architektursoziologie. Wie sind Sie eigentlich zur Architektursoziologie gekommen?

Schäfers: Ja, das hat einen Hintergrund in meiner Vita und natürlich auch in meinem Beruf. Als unsere Familie, und da war ich 6 ½ Jahre alt, im Juni 1945 in das zerstörte Münster zurückzog, in die Innenstadt, erwachte sehr früh ein Interesse an Gebäuden. Und ich sah die renommierten historischen Bauten in Münster, so das Rathaus, den Dom, mit großem Interesse neu erstehen.

Dann war es eine frühe Reise nach Italien. Schon 1954 bin ich mit einem Freund wochenlang durch Italien getrampt, und wir haben uns ganz bewusst bekannte Gebäude angeschaut. Aber nicht nur antike, sondern aus irgendeinem Grund gefiel mir auch, damals als 15-jähriger, schon ungemein gut *Stazione Termini*, der Hauptbahnhof in Rom. Ein wunderbares Gebäude noch heute.

Dann kamen natürlich berufspraktische Dinge. Ich war seit 1965, nach dem Diplom in Soziologie an der Universität Münster, Assistent von Professor Helmut Schelsky in der soziologischen Abteilung eines neu gegründeten Instituts für Stadt-, Raum- und Regionalplanung an der Universität Münster und machte meine Promotionsarbeit über Bodenbesitz und Bodennutzung in der Großstadt. Bei dieser empirischen Untersuchung musste ich mich mit sehr unterschiedlichen Häusern beschäftigen, mit und ohne Gärten; ich lernte viel über den Stellenwert unterschiedlicher Häuser und unterschiedlicher Wohnformen für die Menschen.

Münster 1945: Der zerstörte   *Münster 1945: Das zerstörte hochgotische Rathaus*
Prinzipalmarkt beim Einzug
der Besatzungstruppen

Quelle: *Beseler, Hartwig/Gutschow, Niels*, Kriegsschicksale deutscher Architektur. Verluste – Schäden – Wiederaufbau. Eine Dokumentation für das Gebiet der Bundesrepublik Deutschland. Band 1: Nord, Neumünster, o.J., S. 671 und S. 657.

Aber der eigentliche Anlass, dann auch architektursoziologisch ganz bewusst zu arbeiten, kam erst hier in Karlsruhe. Ich hatte seit 1971 immer eine Professur für Allgemeine Soziologie, habe aber nebenbei weiterhin Stadt- und Regionalsoziologie gemacht. Hier wurde ich bald, wohl im Jahr 1985, Zweitmitglied der hiesigen Fakultät für Architektur. Das ist eine sehr renommierte Fakultät; und ich war sehr stolz darauf und bin es heute noch. Ich machte dort mit einer Assistentin am Lehrstuhl von Professor Uhlig, mit Annette Rudolph-Cleff, die jetzt Ordinaria für Architektur und Städtebau an der TH in Darmstadt ist, verschiedene Seminare zur Architektursoziologie.

Leo Calini & Eugenio Montuosi. Stazione Termini, Rom.
Quelle: *Pevsner, Nikolaus*, Europäische Architektur von den Anfängen bis zur Gegenwart, 8. Aufl., Darmstadt 1997, S. 401.

Sie sagten eben, Herr Bertels, und das ehrt mich sehr, ich sei Pionier der Architektursoziologie. Das bin ich natürlich nicht. Wir haben nur die vielen Vorleistungen, die es in der Soziologie für die Architektursoziologie gegeben hat, ohne dass sie schon so genannt wurde, vergessen, oder so nicht wahrgenommen. Um das zu bündeln und weiterzuführen, habe ich eine Arbeitsgruppe Architektursoziologie in der Deutschen Gesellschaft für Soziologie ins Leben gerufen und ein erstes Lehrbuch zur Architektursoziologie verfasst. Pionier – sieht man mal von Wilhelm Heinrich Riehl ab, der z.B. mit seinen Anmerkungen über die Ludwigstraße in München und anderes, für mich auch zu den Pionieren rechnet –, Pionier ist Georg Simmel. Und es ist außerordentlich, was man heute noch lernen kann bei Simmel zum Thema Architektur.

Das ist der Hintergrund, warum ich mich damit beschäftigt habe. Und wenn es auf die Emeritierung zugeht, muss man ein oder zwei Gebiete wählen, die man dann noch bearbeitet, und das sind bei mir die Architektursoziologie und die Stadtsoziologie.

Bertels: Womit wir bei einer anderen Frage sind, nämlich der Nähe von beiden. Was zeichnet die Architektursoziologie aus und wie ist das Verhältnis zur Stadtsoziologie? Was sind die besonderen Fragen der Architektursoziologie?

Schäfers: Ich glaube, dass die Architektursoziologie näher am Gebäude ist und näher am sozialen Handeln. Die Architektursoziologie fokussiert ja auf bestimmte Gebäude, auch auf Plätze, und sie hat eine große Überschneidungsmenge mit der Wohnungssoziologie und natürlich mit der Stadtsoziologie. Wenn wir z.B. einen öffentlichen Platz nehmen, jahrelang eines meiner Lieblingsthemen: der Wandel des öffentlichen Raumes, des öffentlichen Platzes, weil er seit römischen Zeiten, ja seit griechischen Zeiten, eines der zentralen Elemente nicht nur von Stadt ist, sondern des freiheitlichen Bürgers; dafür brauchen wir den öffentlichen Raum. Da gibt es keine Kompetenzstreitigkeiten zwischen Architektur- und Stadtsoziologen. Aber wir würden als Architektursoziologen sehr viel exakter das Verhalten und Handeln unterschiedlicher Gruppen im öffentlichen Raum wahrnehmen, während sich der Stadtsoziologe ja eigentlich schon damit begnügen kann, festzustellen: Es gibt diesen öffentlichen Platz und der hat im Stadtgefüge die und die Funktion. Also die Architektursoziologie kommt näher heran und will näher rankommen an Gebäude, Plätze, Orte und „zugehörige" Verhaltensweisen.

Bertels: Die Hauptvertreter beziehungsweise Theorievertreter für eine Architektursoziologie sind in dem Zusammenhang ganz interessant. Georg Simmel hatten Sie ja schon erwähnt. Wobei Georg Simmel eher assoziativ formulierte. Er schrieb oft Essays, ausgeführte Theorien wollte er wohl kaum schreiben. Simmel gilt als der große Anreger. Aber es gibt, glaube ich, auch noch andere Autoren. Riehl haben Sie auch schon erwähnt. Wobei der ja eher Ethnologe war?

Schäfers: Ja, Wilhelm Heinrich Riehl gilt ja auch als Begründer der deutschen Volkskunde und einer wissenschaftlichen Museumskunde. In seinen letzen Lebensjahrzehnten war er ja in München; dort hat er über den neoklassizistischen Ausbau der Ludwigstraße durch Leo von Klenze und Friedrich von Gärtner hochinteressante, architektursoziologisch relevante Reflexionen angestellt. Diese Anmerkungen, die man heute so nicht mehr machen würde, weil wir uns ja heute immer fachspezifisch, und das heißt: sachlich verkürzt, absichern wollen.

Wenn Sie von Georg Simmel sagen: Soziologe im ganz strengen Sinne des Wortes war er wohl nicht, weil das Essayistische überwiegt: Seine Soziologie der räumlich relevanten Ordnungen für den Menschen gehört für mich immer noch zum Anregendsten, was wir an Raumsoziologie haben – auch wenn es nicht so fachspezifisch und terminologisch glatt gebügelt ist.

Ludwigstraße München
Die Ludwigstraße trägt den Namen des bayrischen Königs Ludwig I., der sie erbauen ließ.
Die Straße entstand gegen den Protest der damaligen Bürgerschaft – und ist heute ihr Stolz.
Der südliche Teil stammt von Leo von Klenze, der nördliche von Friedrich von Gärtner.
Klenzes Bauten sind im Stil der klassischen Palast- und Wohnarchitektur errichtet.
Quelle: *Dipl.-Ing. Tina Puffert*, Mai 2003

Bertels: Sie haben schon den Unterschied zur Stadtsoziologie betont, nämlich die räumliche Nähe, die eine Architektursoziologie hat.

Wichtige Aspekte der Architektur sind Symbole und Zeichen, die für das soziale Miteinander relevant werden. Wie sehen Sie deren Bedeutung? Haben Sie konkrete Beispiele, woran man das klar machen kann?

Schäfers: Ja, und das ist eine Bedeutung für uns alle, für jeden Menschen. Ich halte es mit der sehr schönen Definition des Philosophen Ernst Cassirer, der gesagt hat, der Mensch ist ein *animal symbolicum*. Das heißt, der Mensch ist ein auf Zeichen angewiesenes Wesen. Und das können wir sehr weit in der Menschheitsgeschichte zurückverfolgen. Ohne Zeichen, um es mal pointiert zu sagen, wären wir, so glaube ich, völlig orientierungslos. Und sobald wir Architektur haben, haben wir eine Architektur, die von Zeichen und Symbolen lebt. Ich will jetzt nicht näher auf die Unterschiede von Zeichen, Symbolen, Codes, usw. eingehen, das würde in diesem Zusammenhang nicht viel bringen. Ich will nur mal zwei oder drei typische Symbole nehmen, die nicht nur Symbole in der Architektur sind, sondern ganz allgemein. Da ist zunächst der Kreis. Der Kreis gilt auch als ein Zeichen für Gleichheit. So gibt es Theorien über die beste Sitzordnung im Parlament – muss es ein geschlossener Kreis sein, muss es ein halboffener Kreis sein? Was ist demokratischer? Solche Anordnungen kann man bis zu den alten Stammeskulturen, z.B. bei den Germanen, zurückverfolgen. Der Kreis, als ein Symbol für Raumarrangements, ist ungemein wichtig.

Was ich aber bisher nicht wusste, und das habe ich für unser Gespräch nachgelesen, ist die Bedeutung des Quadrates. Das Quadrat, es ist ja auch eine Art Zeichen, hat z.B. in der indischen Architektur eine überragende religiös-mystische Bedeutung. Denn das Quadrat, nicht der Kreis, ist das Zeichen für Ordnung. Am Kreis kann ich immer was drehen. Beim Quadrat habe ich vier exakte Punkte. Da ist nichts zu drehen. Natürlich hat das auch mit den vier Himmelsrichtungen zu tun. Wir kennen den nach meiner Meinung wirklich bedeutenden Architekten Oswald Mathias Ungers. Er hat hier in Karlsruhe mehrere sehr schöne Gebäude gemacht, einmal die Badische Landesbibliothek und das Gebäude vor dem ZKM, dem Zentrum für Kunst- und Medientechnologie, die Bundesanwaltschaft. Dort sieht man, wie wichtig ihm das Quadrat, für ihn eine Art Markenzeichen, war.

Oswald Mathias Ungers. Generalbundesanwaltschaft in Karlsruhe
Im quadratischen Innenhof erhebt sich das Hauptgebäude, das wiederum auf einem halben Quadrat und halbem Kreis errichtet wurde. Das streng wirkende Fensterraster ist vom Quadrat, die gesamte Anlage von weiteren quadratischen Grundformen bestimmt.
Quelle: *Ludwig, Annette et al.*, Karlsruhe. Architektur im Blick. Ein Querschnitt, Karlsruhe 2005, S. 165.

Dann haben wir das Oktagon, also das Achteck, das spielt in der Architekturgeschichte auch eine überragende Rolle bis auf den heutigen Tag. Ein neueres bekanntes Gebäude, als Oktagon gebaut, ist ja der wunderbare Bibliotheksturm des Wissenschaftszentrums Berlin für Sozialforschung, von dem schottischen Architekten James Sterling.

Also: Wir haben Zeichen dieser Art und wir haben in der Architektur selbst Zeichen, die als Elemente der Architektur anzusehen sind und mit denen die Architekten oft nur herumspielen. Das sind der Eingang, das

Fenster, Dach und Dachtraufe. Und die Diskussionen darüber, gerade während der Bauhauszeit in den 1920er Jahren, waren ja eminent und heute oft nicht mehr nachvollziehbar.

Dann haben wir die Piktogramme. Das sind ja auch Zeichen, die ganz bestimmte Gebäude oder Wege, Aktivitätsfelder oder was auch immer markieren sollen. Da ist leicht der Zeitpunkt auszumachen, seit wann Piktogramme so eine überragende Bedeutung bekommen: Das war 1972 auf der Olympiade in München. Als der bekannte Designer Otl Aicher hierfür die Piktogramme entwarf, war das die Basis für einen weltweiten Siegeszug. Und darum können wir uns z.b. in Flughäfen, völlig egal, wo wir auf der Welt gerade sind, überall so leicht orientieren und bewegen.

James Stirling. Wissenschaftszentrum Berlin für Sozialforschung (WZB)
Im attraktiv gestalteten Innenbereich des WZB steht der Bibliotheksturm, der wegen seiner oktogonalen Form – eine Anspielung auf deren Bedeutung in der abendländisch-christlichen Baugeschichte und der weiteren Anspielung auf den Bibliotheksturm in Umberto Ecos Roman „Im Namen der Rose" –, Aufsehen erregte.
Quelle: Katalog zum 25jährigen Jubiläum des Wissenschaftszentrums Berlin und zur 10jährigen Geschichte des Baues von James Stirling, Michael Wilford and Associates, Berlin 1994, S. 25.

Bertels: Sie haben jetzt historisch einen weiten Bogen gespannt. Einer der großen Vertreter in der Soziologie, der sich dem theoretisch zugewendet hat, ist Norbert Elias. Können Sie die Fruchtbarkeit seines Ansatzes für die Architektursoziologie verdeutlichen?

Schäfers: Das Wichtige ist der Zugang über zivilisatorische Standards. Sein Hauptwerk heißt ja: „Über den Prozess der Zivilisation". Und an diesem Werke selbst könnte man, ohne dass das Elias explizit gemacht hätte – er verstand sich ja nicht als Architektursoziologe – vieles verdeutlichen. Dort gibt es exakte Beschreibungen von Architektur und von menschlichem Verhalten in dieser Architektur, vor allem natürlich in der Feudalzeit in Schlössern Frankreichs. Aber sein Thema ist der Zivilisierungsprozess, die Verlagerung von Verhaltensstandards in die innere Motivation des Menschen.

Hier kommt Peter Gleichmann, der eine Professur für Stadtsoziologie in Hannover hatte, das große Verdienst zu, als einer der ersten das aufgenommen zu haben und am Beispiel der Defäkation und der allgemein wachsenden Intimschwellen das neue Raumangebot, das dann erforderlich ist, zu analysieren. Und das findet Nachfolge. Gleichmann, der vor etwa einem Jahr verstorben ist, hat bekannte Schüler, Herbert Schubert an der Fachhochschule in Köln rechne ich dazu, oder Katharina Weresch in Hamburg. Letztere hat vor ein oder zwei Jahren eine an Elias orientierte Wohnungssoziologie vorgelegt, in der die Anhebung von Wohnstandards für immer breitere Schichten als Basis der Zivilisationsstandards gesehen wird, mit einem wunderbaren Bildmaterial – daraus kann man viel lernen; eine schöne Verbindung von Wohnungssoziologie und Architektursoziologie; immer bezogen auf menschliches Verhalten und identifizierbare Personen aus bestimmten Klassen, Ständen, Schichten und Sozialmilieus.

Bertels: Ich würde gerne die Spanne auf der einen Seite nach vorne und auf der anderen Seite etwas zurückziehen. Die griechische Polis beispielsweise ist ein für die Architektursoziologie bedeutsamer Abschnitt. Andere sind die feudale Stadt, die Industriestadt, oder die postmoderne Stadt. Können Sie skizzieren, was jeweils der für die Architektursoziologie wichtige Aspekt ist? Das geht wohl über die Spanne hinaus, die Norbert Elias in seinem Prozess der Zivilisation berücksichtigte.

Schäfers: Ich müsste da eine kleine Vorbemerkung machen. Auch die Architektursoziologie hat es natürlich mit Objekten, Verhaltensweisen, Denk- und Handlungsmustern in Hinblick auf Architektur und Stadt heute zu tun. Das ist unser Ausgangspunkt. Aber auch hier kommen wir an einer historisch gesättigten und interessierten Soziologie nicht vorbei, zumal die Architektur selbst uns ja auf historische Spuren verweist. Und ich finde das Beispiel mit der griechischen Polis ganz ausgezeichnet, weil man nämlich architektursoziologisch klar machen könnte, warum es überhaupt möglich war, dass sich in der griechischen Polis, nehmen wir vor allem Athen, schon urbanes und bürgerliches Leben entwickeln konnte. Und das war, ich will es jetzt ein bisschen demonstrativ sagen, nur deshalb möglich, weil man den Tempelbezirk auf die Akropolis brachte. Wer zu den Göttern will, der gehe da hinauf. Aber hier unten haben wir die Agora, das ist der große öffentliche Raum für das bürgerliche und staatliche Leben. Und um diesen Raum stehen bestimmte Gebäude und Einrichtungen, z.B. die Akademien, Gymnasien, überdachten Versammlungs- und Verkaufshallen. Dort spielt sich öffentliches und urbanes Leben ab. Ohne diese radikale Trennung, modern gesprochen: von Kirche und Gesellschaft, wäre das nicht möglich gewesen. Und das kann man – wir haben ja genügend an antiker Architektur – sehr schön klar machen, dass es nur so möglich war.

Bertels: Vielleicht überspringen wir mal die mittelalterliche Stadt, die für die Frage der europäischen Stadt eine hohe Bedeutung hat und gehen auf die Stadt Karlsruhe ein. Das ist ja eine feudale Gründung.

Schäfers: Ja, eindeutig.

Bertels: Kann man da auch entsprechende Muster erkennen?

Schäfers: Ja, kann man. Es wurde ja 1715 der Grundstein gelegt, zunächst für ein Jagdschloss als Ausgangspunkt einer neuen Residenz; die alte, in Durlach an den Abhängen der letzten Ausläufer des Schwarzwaldes, war ja im Pfälzischen Erbfolgekrieg 1689 völlig zerstört worden. Ohnehin ging man damals, in der Zeit des Absolutismus und Barock – siehe Heidelberg – in die offene Ebene, um größere und feudale Schlossanlagen nach dem Vorbild von Versailles bauen zu können. Das dann entstehende Schloss im Hardtwald ist ja dem Arbeitszimmer, wo wir hier sitzen, direkt benachbart.

Das Karlsruher Residenzschloss
hervorgegangen aus dem 1715 gegründeten Jagdschloss; geometrischer Ausgangspunkt
der auf dem Reißbrett entworfenen *Fächerstadt* Karlsruhe. Nach Wiederherstellung Sitz
des Badischen Landesmuseums.
Quelle: http://www.burgen-und-schloesser.net/fotos/359_02.jpg

Aber sehr bald war, wegen der Dimensionen dieses Schlosses der Markgrafen von Baden, klar: Ohne viele Handwerker und ohne tüchtige Bürger wird das nichts. Sehr bald gab es dann die Idee: Hier muss eine Stadt gebaut und geplant werden; das Fächerbild dieser Anlage deutet ja schon auf die Straßenzüge hin.

Und wenn man heute durch die Stadt geht, kann man an einigen Stellen immer noch sehen: Hier wohnten die Handwerker, hier waren die ersten Kaufleute, hier wohnten die Beamten usw. Und es gab dann auch sehr bald Konflikte. Karlsruhe hat ganz früh, wohl orientiert am Wiederaufbau von Mannheim nach der Zerstörung, ebenfalls im Pfälzischen Erbfolgekrieg, einen hoch interessanten Bürgerbrief erlassen. Es wurden Bürger aus ganz Europa gerufen, in mehreren Sprachen, sie sollten herkommen, um an dieser Stadt mitzubauen. Das geschah auch. Wir sind ja in dieser Zeit, im frühen 18. Jahrhundert, schon in der Frühaufklärung, so dass hier eine hochinteressante Entwicklung einer Residenzstadt von einiger Bedeutung und einer wachsenden Bürgerstadt entsteht, die dann aber erst der große Friedrich Weinbrenner, der „badische Schinkel", nach 1800 zu einer Stadt geformt hat.

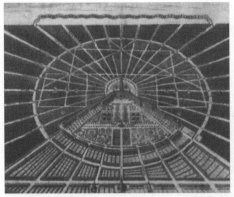

Idealplan der Fächerstadt
Der heute im Stadtgrundriss und der
Schloss- und Schlossgartenanlage noch
sichtbare Fächerplan gab der Stadt
Karlsruhe den Namen „Fächerstadt".
Der Idealplan hat seinen Ursprung in der
Renaissance und wollte die Idealstadt
mit einer idealen (guten) Regierung ver-
binden.
Quelle: *Ludwig, Annette et al.*, Karlsru-
he. Architektur im Blick. Ein Quer-
schnitt, Karlsruhe 2005, S. 15.

Bertels: Zu einer Stadt gehören Straßen und Plätze. Die Architektursoziologie hat es zunächst mit Gebäuden zu tun. Aber für das soziale Miteinander sind diese Komponenten – die Straßen in unterschiedlicher Größe,
Ausprägung, Pracht, wie die Straße Unter den Linden oder zum Beispiel
der Kurfürstendamm – von enormer Wichtigkeit. Oder eben auch der neu
geschaffene Potsdamer Platz. Welche Bedeutung kommt dem auch aus
historischer Perspektive zu?

Schäfers: Ja, wir können als Beispiel den Potsdamer Platz nehmen, weil
dazu auch gute architektursoziologische Untersuchungen vorliegen. Die
hat Joachim Fischer von der TU Dresden mit herausgegeben und selbst
eine Untersuchung dort angestellt. Der Potsdamer Platz spielt ja in der
Geschichte Berlins eine ganz überragende Rolle, auch im Hinblick auf
die Entwicklung des Bürgertums seit dem 18. Jahrhundert. Dieses Werk
über den Potsdamer Platz ist deshalb so interessant, weil es versucht, den
Spuren von einst auch beim heutigen Potsdamer Platz, der ja urban sein
will, nachzugehen. Aber es gibt noch Spuren auch des Bürgerlichen auf
diesem Potsdamer Platz; ich denke an das berühmte, im Krieg ja nicht
zerstörte und vom Abriss verschonte Weinhaus Huth. Da haben wir schöne Beschreibungen von Theodor Fontane. Und nun wird es spannend:
Was weiß der Besucher, der heute das Weinhaus Huth besucht – es ist ja
wieder eine gut besuchte Gastronomie mit Weinhandel – von der Geschichte?

Das Weinhaus Huth im Jahr 1997
Das Weinhaus Huth an der alten Potsdamer Straße aus den 1880er Jahren hatte als einziges Gebäude den Zweiten Weltkrieg und nachfolgende Abrissmaßnahmen überstanden.
Quelle: *Fischer, Joachim/Makropoulos, Michael* (Hg.), Potsdamer Platz. Soziologische Theorien zu einem Ort der Moderne, München 2004, S. 29.

Ich bin während der Bauzeit sehr oft dort am neuen Potsdamer Platz gewesen, weil ich ein Stipendium im Wissenschaftszentrum Berlin für Sozialforschung hatte; da war es immer nur ein kurzer Weg dorthin, um Beobachtungen zu machen. Wenn ich architektursoziologisch, nicht stadtsoziologisch, herangehe, dann würde ich fragen: Was ist im Bewusstsein der jetzigen Besucher und Betrachter vom früheren Platz präsent? Wie gehen sie damit um? Das wäre eine schöne empirische Untersuchung. Also: Wir haben heute zwar ein Bauensemble von enormer Verdichtung, von enormer Technik, auch von *High-Tech*, wenn ich an das *Sony-Center* denke.

Und trotzdem werden auch von den Menschen die Spuren der Vergangenheit gesucht. Dieses Buch über den Potsdamer Platz ist architektursoziologisch auch deshalb so interessant, weil versucht wird, die möglichen theoretischen Ansätze der Architektursoziologie mal durchzudeklinieren.

Potsdamer Platz, Berlin
Bildmitte links: *Sony-Center* mit spektakulärer Dachkonstruktion; rechts davon zwei Hochhäuser bekannter Architekten: links das 103m hohe „Gläserne Hochhaus" von Helmut Jahn (Hauptsitz der DB), rechts der in Backstein ausgeführte, an New Yorker Hochhäuser der späten 1920er Jahre erinnernde Bau von Hans Kollhoff. Quelle: *Deutsche Akademie für Städtebau und Landesplanung*, Wer plant die Stadt? Wer baut die Stadt? Bericht 2000, Berlin, S. 39.

Bertels: Gut, das ist sozusagen der Blick auf die Postmoderne und die Überlagerung von Tradition und Moderne. Wir leben aber meistens in Städten, wo zwar die Hülle bei den Gebäuden, oder bei der räumlichen Umwelt geblieben, aber das Leben ein anderes geworden ist. Es hat Umnutzungen gegeben. Dazu gibt es in Berlin wie auch in Karlsruhe sehr viele Beispiele. Was bedeutet das eigentlich? Das sind ja gesellschaftliche Prozesse, die dahinter stehen. Ein Bau ist in einer bestimmten Absicht erstellt worden und erfährt über mehrere Gesellschaftsepochen, zum Teil sogar antagonistische Gesellschaften, Veränderungen. Das ist eine für die Soziologie hoch spannende Frage!

Schäfers: Ja. Ich glaube: für den einzelnen Bürger auch. Wir können das ja mal anhand von Beispielen abhandeln. Gehen wir wieder nach Berlin. Da haben wir das Bundesfinanzministerium, das ja oft auch im Fernsehen zu sehen ist. Und immer stößt es mir auf, wenn ich Bilder vom Finanzministerium in der Wilhelmstraße, Ecke Leipziger Straße sehe, weil sich dieser Bau in seinem Äußeren für mich mit typischer Nazi-Architektur verbindet, so dass ich auch das Finanzministerium immer ein bisschen unter diesen Kollektivverdacht nehme.

Bundesministerium der Finanzen
Das Bundesministerium der Finanzen befindet sich im von Ernst Sagebiel in den Jahren 1934-1936 errichteten Reichsluftfahrt-Ministerium, ein auch in DDR-Zeiten genutztes Gebäude, das in den Jahren 1997-2000 umgebaut wurde.
Quelle: Berlin: offene Stadt. Die Stadt als Ausstellung. Der Wegweiser, 3. Aufl. Berlin 2000, S. 96.

Im heutigen Finanzministerium war das Reichsluftfahrtministerium. Wenn man das noch weiß, dass das Luftfahrtministerium von Hermann Göring in diesem Bau gesessen hat, dann ist man nicht so ganz glücklich über die Weiternutzung des Gebäudes durch ein Bundesministerium. Im Festsaal des ehemaligen Reichsluftfahrtministeriums war am 7. Oktober 1949 der feierliche Gründungsakt der DDR. Bis zur deutschen Einheit war es Sitz verschiedener DDR-Ministerien. Die Nutzung als Bundesministerium geht wohl auch auf eine Entscheidung des damaligen Beauftragten für die neuen Bundesbauten, des von mir hochgeschätzten ehemaligen Münsteraner Assistenten-Kollegen, Klaus Töpfer, zurück. Man musste ja irgendetwas machen mit diesem Gebäude. Ich kann mir vorstellen, die Beamten darin sind möglicherweise viel glücklicher als jene im Jahn-Hochhaus am Potsdamer Platz, wo heute die Deutsche Bundesbahn ihren Hauptsitz hat. Als ich in Berlin war, hatte ich versucht, mir Zugang zum Jahn-Hochhaus zu verschaffen, um eine Untersuchung zu machen: Wie wohl fühlen sich die Menschen, die dort arbeiten? Es zeichnete sich ab, dass es keine Genehmigung gab. Da bin ich bei einem ganz wunden Punkt. Für viele Dinge, die von den Architektursoziologen untersucht werden müssten, bekommen wir keine Genehmigung.

Ich will aber nicht abweichen, Herr Bertels, kommen wir zurück auf Ihre Frage. Nehmen wir ein anderes Gebäude, das auch historisch total überlagert ist, was ich sehr bedaure. Das ist die berühmte Feldherrenhalle in München, die ja die Ludwigstraße zur Innenstadtseite hin abschließt, am anderen Ende ist es ja dann der Triumphbogen. Das ist ein wunderbarer Bau. Er ist von einem der Miterbauer der Ludwigstraße, von Friedrich von Gärtner, in den 40er Jahren des 19. Jahrhunderts erbaut.

Feldherrnhalle München
Die Feldherrnhalle wurde von Friedrich von Gärtner in den Jahren 1841-1844 im klassizistischen Stil nach florentinischem Vorbild errichtet; sie markiert den Beginn der Ludwigstraße und den Übergang von der Alt- in die Neustadt des 19. Jh.s.
Quelle: ADAC Reiseführer München, 9. Aufl. München 2003, S. 90.

Das große Vorbild in der Architektur war natürlich, das sieht man sofort, die *Loggia dei Lanzi* in Florenz, also ein klassischer Renaissancebau. Aber wer denkt denn bei der Feldherrenhalle an Florenz? Wer denkt denn nicht an den Zusammenstoß beim Hitler-Putsch 1923 vor der Feldherrenhalle, mit vielen Toten, die sich später gut als „Märtyrer der Bewegung" nutzen ließen? Die Feldherrenhalle, später mit Ehrenwache, war ein durch die Nazis immer wieder missbrauchtes Symbol. Also hier haben wir Überlagerungen. Da findet heute vieles statt, von der Gastronomie bis zu Konzerten. Für mich gelingt die Umwidmung nicht ganz. Bei anderen Gebäuden gelingt sie, denn die Umwidmungen durchziehen die ganze Architektur- und Stadtgeschichte.

Bertels: Haben Sie auch ein Beispiel aus Karlsruhe dafür – wo es gelingt oder misslingt?

Schäfers: Auch hier bin ich wahrscheinlich nicht ganz objektiv. Da ist das neue Einkaufszentrum „Ettlinger Tor". Ein Eingang geht vom schönen Rondellplatz aus, und da stehen alte Fassaden noch aus der klassizistischen Zeit. Sie stehen ja an der von Friedrich Weinbrenner geplanten Sichtachse vom Ettlinger Tor auf das Schloss zu, der *Via Triumphalis*. Diese Fassaden sollten erhalten werden.

Aber selbst Professor Rüdiger Kramm, aus unserer Fakultät für Architektur, der im Auftrag des Generalerbauers aus Hamburg dafür zuständig war, hat sich über diesen Fassadenschmuck, der mit der Realität ja nichts mehr zu tun habe, lustig gemacht. Ich bin gespalten. Ich glaube, man musste die Fassaden erhalten, weil es eben diese geschlossene, klassizistisch geprägte Anlage ist. Aber mit diesem Einkaufszentrum tue ich mich ohnehin sehr schwer, weil ich glaube, dass diese Einkaufszentren sich nicht nur alle gleichen, wie ein Ei dem anderen, sondern einen pseudo-öffentlichen Raum schaffen. Der ist kein öffentlicher Raum, der ist ein stark bewachter, kontrollierter Raum, und er zieht Kapazität aus der Innenstadt ab; er lässt uns dann gar nicht mehr darüber nachdenken: Wie können wir architektonisch besser, interessanter, auch für die Stadt interessanter, öffentlichen Raum und Einkaufsmöglichkeiten neuer Art in der Innenstadt schaffen? Nehmen Sie es als meine ganz persönliche Meinung. Viele sind glücklich damit, und ich möchte ihnen das nicht ausreden. Und ein Vorteil ist in der Tat darin zu sehen, dass die Erweiterung der Einkaufs- und Bummelzonen in süd-östlicher Stadtrichtung erreicht ist.

Bertels: Nun kann es ja auch als moderne Variante der Passagen gesehen werden – Passagen, die vorbildlich für unsere Vorstellungen in Paris oder auch in Mailand entwickelt wurden. Walter Benjamin hat sich damit intensiv auseinandergesetzt und beschrieben, welches Leben das zulässt, oder welche Erfahrungsräume damit verbunden sind. Der Flaneur ist hier die typische Figur.

Ich würde ganz gerne diese halböffentlichen Konsumtempel einen Moment verlassen und die Frage des Wohnens ansprechen. Da gibt es zu unterschiedlichen Epochen einen ganz prägnanten Wohnungsbau. Wir kennen beispielsweise die Gründerzeitphase, in der eine Form besonders hervorsticht, die auch heute noch sehr geschätzt wird. Da gibt es zum Beispiel den Prenzlauer Berg in Berlin. Wie würden Sie das als Gesellschaftswissenschaftler und speziell als Architektursoziologe, beurteilen?

Schäfers: Dass es Umwidmungen von Wohnungen gibt, wie wir das gerade in diesem Bestand der Gründerzeit haben, das ist im Zuge der Stadtentwicklung, der neu aufkommenden Gesellschaftsschichten, der neuen Milieus, der neuen sozialen Lagen, geradezu selbstverständlich. Es ist ein Thema, wo Stadt-, Wohnungs- und Architektursoziologie nach meiner Meinung nur gemeinsam arbeiten könnten oder sollten. Wobei ich jedem Wohnungssoziologen zugestehe, sich leicht in die Gebiete der Architektursoziologie und in die vorherrschenden Ansätze einzuarbeiten, um dann das, was er bisher als Wohnungssoziologe gemacht hat, vielleicht noch ein bisschen differenzierter zu machen. Aber im Groben gesehen, hat dieses Thema, was Sie ansprechen, ja auch mit der Segregation von Bevölkerung im Stadtraum zu tun. Und hier kann die Architektursoziologie deshalb ins Spiel kommen, weil sie sehr differenziert fragen kann, wie wohl fühlen sich bestimmte Bevölkerungsgruppen, Frauen und Männer, die Altersgruppen der Kinder, Jugendlichen und älteren Menschen in einem Haus, in einer Wohnung; was ist es, was sie dort vielleicht fremdeln lässt, usw. Also hier sehe ich schöne Möglichkeiten der Kooperation.

Bertels: Herr Schäfers, wir haben eben über Gebäude im Zusammenhang des aufblühenden Bürgertums gesprochen, ein Beispiel war der Prenzlauer Berg, der heute wieder eine hohe Bedeutung hat vor dem Hintergrund der Veränderung der Lebensstile, aber auch der demographischen Entwicklung.

Wir haben es derzeit mit einer schrumpfenden Bevölkerung zu tun. In diesem Zusammenhang werden neue Ansätze im Wohnungsbau versucht. Stichwort: Stadthäuser. In Berlin wie anderswo hat man schon Versuche unternommen, jüngere Leute, möglichst auch mit Familien, in die Stadt zu bekommen – nach dem Motto: „Ab in die Mitte". Man will mit diesem Konzept auch das Mischungsverhältnis von Haushalten ändern. Das heißt, dass dann nicht so viele Singles in der Innenstadt wohnen und weniger Familien im suburbanen Raum. Welche Bedeutung messen Sie diesen Stadthäusern gerade in großen Städten bei?

Schäfers: Eine sehr große Bedeutung. Und ich hoffe, dass sich das noch sehr viel allgemeiner durchsetzt und dass es den Städten möglich sein wird, auch für Familien und junge Paare und neue Lebensgemeinschaften, vor allem für jüngere Menschen, solchen Raum zur Verfügung zu stellen. Es wird allerhöchste Zeit, damit hätten wir früher anfangen müssen. Jetzt steht natürlich auch ein ökonomischer Druck dahinter. Die Energiekosten werden weiter steigen und die Pendlerpauschale, die ja hier eine überragende Rolle spielt, wird ganz sicher nicht weiter steigen. Also von daher schon ein gewisser Zwang. Dann kommt hinzu: man kann als junger Mensch, als junge Familie wohl nur am städtischen und kulturellen Leben teilhaben, wenn man auch in der Stadt wohnt. Aber wir dürfen nicht vergessen, und das wird manchmal leider vergessen: Warum begann dieser Suburbanisierungsprozess Ende der 1950er und Anfang der 60er Jahre? Meine Erinnerung ist gut genug, weil wir ein Geschäft im Herzen der Stadt Münster hatten. Es war in diesen Straßen in den Innenstädten in den späten 1950er und 60er Jahren schlicht und einfach unerträglich. Es war ein nicht vorstellbarer Gestank, die Straßen waren angefüllt mit Ruß und Qualm. Dann begann ja der Umbau dieser Innenstädte zu Dienstleistungszentren. Und nur zur Erinnerung: die Mehrzahl der Tankstellen lag damals im Innenstadtbereich. Die großen Laster und qualmenden Diesel fuhren durch die Städte. Es ist also nicht so, als hätten die Menschen nur aus lauter Freude am Grünen die Stadt verlassen. Aber auch jetzt sind die Innenstädte, was Luft und Umwelt anbelangt, noch keine optimalen Wohnstandorte. Ich bin froh über die angesprochene Entwicklung; sie kommt fast zu spät, auch deshalb, weil die Städte in den letzten Jahren einen sehr leichtfertigen Ausverkauf mit ihrem Bodenbesitz betrieben haben. Hätten sie das nicht, wären sie vielleicht heute ein wenig handlungsfähiger.

Bertels: Wenn sich Menschen ein Bild von einer bekannten Stadt machen, dann fallen ihnen oft markante Punkte ein: Schlösser, Kirchen, Bahnhöfe. Die stehen jeweils für eine besondere Epoche. Können Sie dafür Beispiele herausgreifen, um das zu verdeutlichen. Was bedeuten solche öffentliche, herausragende Gebäude eigentlich?

Schäfers: Es ist gut, dass Sie das fragen, Herr Bertels, weil man nämlich an dieser Stelle deutlich machen kann, dass die Stadtsoziologie andere Themen hat; sie fragt in der Regel nicht nach dem Stellenwert des einzelnen Gebäudes. In der Gegenwart haben, wie auch immer wieder in der Vergangenheit, einzelne Gebäude einen Stellenwert bekommen, der zum Stadtmarketing, oder zum *branding*, sagt man heute, einen überragenden Beitrag leistet. Ein bekanntes Beispiel in der westlichen Welt ist natürlich das jetzt etwa zehn Jahre alte Guggenheim-Museum in Bilbao, das der kalifornische Architekt Frank O. Gehry gebaut hat und das in der Tat spektakulär ist.

Frank O. Gehry. Guggenheim Museum in Bilbao
Das Museum, erbaut in den Jahren von 1991-97, vermittelt sich vor allem durch seine skulpturale Gestalt. Das bis zu 60m hohe Gebäude mit seiner markanten Titanhaut erstrahlt, je nach Tages- oder Nachtlicht, in allen Farbschattierungen. Quelle: *Parkyn, Neil* (Hg.), Siebzig Wunderwerke der Architektur. Die kühnsten Werke der Baugeschichte und wie sie realisiert wurden, Frankfurt 2002, S. 165.

Und es ist deshalb so bemerkenswert, weil dieses Gebäude auch ein Anlass war, eine heruntergekommene Industriestadt im spanischen Baskenland zu konvertieren. Das ganze Viertel hat sich geändert; der bekannte spanische Architekt Santiago Calatrava hat eine elegante Brücke in der Nähe gebaut, die sehenswert ist, und vieles andere mehr ist entstanden. Das heißt: mit solchen Gebäuden, wie wir das auch in Barcelona haben, kann man Stadtentwicklung machen. In Barcelona ist ein großes Museum, von Richard Meier gebaut, in das alte *barrio chino* gekommen. Das ganze Viertel hat sich geändert. Es bedeutet dann natürlich auch für einzelne Personen, dass dann, wenn ein Gentrifizierungsprozess mit diesem Viertel oder einzelnen Häusern passiert, die angestammte Wohnbevölkerung irgendwann vertrieben wird. Aber man kann, glaube ich, auf solche Prozesse – über Gebäudeplanung, über moderne, auch spektakuläre Architektur, Veränderungen von Stadtvierteln zu erreichen – nicht verzichten.

Richard Meier.
Museum für Zeitgenössische Kunst in
Barcelona
Das in den Jahren 1987-1995 errichtete Museum des amerikanischen Architekten Richard Meier (von dem es in Deutschland mehrere Museen gibt) erforderte den Abriss umfangreicher Bausubstanz in einem der ältesten Stadtviertel von Barcelona.
Quelle: Richard Meier. Recent Works, Mailand 2004, S. 57.

Bertels: Dem Bahnhof kommt in diesem Zusammenhang ja eine etwas andere Bedeutung zu.

Schäfers: Ja.

Bertels: Es gibt zwar auch Aufwertungsprozesse. Der Leipziger Bahnhof oder auch der Dresdener Bahnhof haben weitere Funktionen erhalten. Aber die Frage des Zusammenhangs mit der Stadt oder dem Umfeld ist eine heikle, eine ganz schwierige Angelegenheit. Sowohl städtebaulich als auch als Frage nach der Orientierung.

Schäfers: Ja. Das kann man, wenn ich darf, am Beispiel von Karlsruhe zeigen.

Vielleicht sollte man vorausschicken: Die erste, aber nur sechs Kilometer lange Eisenbahn von Nürnberg nach Fürth, gab es 1835. 1843 wurde in Karlsruhe schon der erste Bahnhof gebaut, und zwar von einem Professor der hiesigen Fakultät für Architektur, Friedrich Eisenlohr. Er stand ungefähr genau da, wo heute das Badische Staatstheater steht. Bis vor wenigen Jahren konnte man sehen, dass die Gleisanlagen immer noch von allen Richtungen in die Nähe dieses ehemaligen Standortes gingen. Dann merkte man aber, dass man die Entwicklung der Stadt – es war ja relativ innenstadtnah, direkt am Ettlinger Tor – zum Süden hin abschnürte. Also haben sich die Stadtväter damals entschlossen, den Bahnhof zu verlegen, um Stadtentwicklung zum Süden hin zuzulassen. Und dann wurde der neue Bahnhof von August Stürzenacker da gebaut, wo er heute ist, relativ weit entfernt vom Zentrum.

Hauptbahnhof Karlsruhe
Der in den Jahren 1908-1913 von August Stürzenacker errichtete Neubau des Hauptbahnhofs Karlsruhe diente zugleich der Süderweiterung der Stadt und war und ist Teil einer anspruchsvollen städtebaulichen Gestaltung.
Quelle: *Ludwig, Annette et al.*, Karlsruhe. Architektur im Blick. Ein Querschnitt, Karlsruhe 2005, S. 116.

Durch eine Grünzone, vor allem die Anlage des Zoologischens Gartens, sind der Bahnhof und der schöne, städtebaulich anspruchsvoll gestaltete Vorplatz mit der Innenstadt verbunden. Und dieser Bahnhof, wie schon der erste, hat dazu beigetragen, dass sich ein eigenes Stadtviertel entwickelte. Denn es geht ja nicht nur um den Bahnhof. Es geht um Gleisbau, es geht um Güterzüge, um Lokschuppen, um Reparaturschuppen usw. Mit einem Bahnhof ist sehr viel an Infrastruktur verbunden, die wir heute zum Teil auch in Karlsruhe gar nicht mehr brauchen. Man benötigte sehr viele Arbeiter, und die wurden in der Südstadt angesiedelt.

Werderplatz, Südstadt Karlsruhe
Die Südstadt gilt als Karlsruhes belebtester Stadtteil und ist einer der wichtigen Treffpunkte und Wohnorte für Migranten, Studenten, Obdachlose und Künstler. Dreh- und Angelpunkt des Geschehens ist der Werderplatz mit dem Indianerbrunnen. Auf ihm sind zahlreiche kleine Läden sowie Cafés und kulturschaffende Initiativen angesiedelt.
Quelle: *Alexa M. Kunz*, Mai 2007

Die Südstadt ist heute, gerade auch für Studierende und auch für die vielen Minoritäten, die wir in Karlsruhe haben, ein beliebtes Wohnviertel. Und der jetzige Bahnhof, auch in seinem Außenbereich, ist einer der schönsten Bahnhöfe im Jugendstil, ich würde sagen: in Deutschland. In einem späten Jugendstil, in einem kargen Jungendstil, der schon so ein bisschen in die Moderne übergeht. Mit einer schön gestalteten Platzanlage. Was mich bekümmert, ist die jetzige Nutzung dieser schönen Bahnhofshalle.

Einkaufshallen im Innenbereich des Leipziger Hauptbahnhofs
Die erste deutsche Eisenbahnfernverbindung von Dresden nach Leipzig wurde 1839 eröffnet. 1909-1915 wurde der neue Hbf gebaut, mit 267 m Front und 26 Bahnsteigen der größte in Mitteleuropa. Im Zuge des Umbaus wurde die riesige, faszinierende Halle vor den Gleisen an zwei Stellen „aufgebrochen", um Zugang zu zwei Etagen Verkaufsraum zu schaffen.
Quelle: http://www.ece.de/shared/media/downloads/809_de.jpg

Man nimmt sie in ihrer grandiosen Gestalt architektonisch kaum wahr, weil die Bahn ja jeden Quadratzentimeter vermieten und verpachten muss. Diese siebzig Meter lange Halle, auch mit dem schönen Kuppelgewölbe, nimmt man als Reisender so nicht mehr wahr, weil sie Verkaufsfläche geworden ist. Sie ist nicht mehr ein Salon, wo man sozusagen empfangen wird, eine Reise antritt, eine Reise beendet. Die Bahnhöfe haben heute ganz andere Funktionen. Da gehen ja nicht nur Reisende und Wartende ein und aus, sondern sie sind – Sie sprachen Leipzig an – ja auch eine Erweiterung des innerstädtischen Kaufangebotes, und deshalb so attraktiv, weil die Öffnungszeiten andere sind, als in der Innenstadt.

Bertels: Die Bahnhöfe, so wie Sie sie am Beispiel von Karlsruhe beschreiben, sind auch Symbole für Technik und für neue Möglichkeiten des Ingenieurbaus, der im Grunde dann irgendwann die Architektur dominiert.

Und wenn man dieses auch als Produkt des Verstädterungsprozesses begreift, so gilt das ebenso für menschliche Siedlungen. In Folge der Industrialisierung entstanden neue Siedlungsformen Ein Produkt ist die Gartenstadt. Interessanter Weise in Karlsruhe in einem Bereich jenseits der Gleise entstanden, vermutlich deshalb, weil Genossenschaften zu wenig Geld hatten und haben, um sich in gute Lagen einkaufen zu können. Sie mussten deswegen an die Peripherie. Ist das in Karlsruhe so, oder gibt es da einen anderen Zusammenhang?

Schäfers: Ja, es ist genau so, wie Sie sagen. Und es handelt sich hierbei um die Gartenstadt Rüppurr, die Sie ansprechen. Karlsruhe/Rüppurr spielt in der Gartenstadtgeschichte Deutschlands eine herausragende Rolle.

Nicht Hellerau bei Dresden, sondern Karlsruhe/Rüppurr ist die erste Gartenstadtplanung in Deutschland. Der Gedanke kam ja von England herüber, wo der Parlamentsstenograph in London, Ebenezer Howard, das Buch geschrieben hatte: *Garden Cities of Tomorrow.* Er wollte eine völlig neue Stadt, aber mit Gleisanschluss, mit Bahnhof und mit der Metropole London verbunden, doch in gewisser Autarkie, was die Wohnweise anbelangt, also Gartenstadt, Garten für Eigenversorgung und Erholung. Aber auch der Gedanke, dass die Gartenstadt eigenständige Industrien aufbaut, gehört dazu. Und das ist in Hellerau/Dresden mit den neuen Werkstätten gelungen, sie liegt ja auch ein bisschen weiter weg vom Zentrum als hier Rüppurr vom Zentrum.

Die Gartenstadt
Karlsruhe-Rüppurr heute
Im Jahr 1907 wurde die Gartenstadt Karlsruhe Rüppurr als Genossenschaft gegründet. In dieser Form existiert sie bis heute. Sie ist nach wie vor ein sehr beliebter Wohnort mit Straßenbahnanschluss und günstiger Lage zu den Naherholungsgebieten der Ausläufer des Schwarzwaldes. Quelle: *Alexa M. Kunz*, Mai 2007

Die Zeit der Gartenstadt ist ja auch die Zeit der Reformbewegung. Und wenn Sie den Genossenschaftsgedanken ansprechen: Der Ideengeber für die Gartenstadt, ein Hans Kampffmeyer, war auch mit der anarchistischen Bewegung, im Briefwechsel mit Bakunin und anderen, verbunden. Und er selbst war Kunstmaler, er war, wie viele Künstler, sehr links orientiert, und da kam dieser Genossenschaftsgedanke gerade richtig. Und heute ist diese Gartenstadt Rüppurr immer noch eine Genossenschaft.

Bertels: Wenn man sich diese Gartenstadt anschaut, fällt der Eingangsbereich auf. Ein fast halbrunder Zugang. Der Gedanke liegt vielleicht nahe, ob man nicht in Rüppurr den Karlsruher Schlossbau zitiert. Dem Schlossbesucher öffnet sich gewissermaßen die gekrümmte Bauanlage ebenso wie demjenigen, der hier in die Gartenstadt eintreten will. Ist das ein Gedanke, den die Architekten der Gartenstadt bewusst so aufgenommen haben, um ein Pendant zu schaffen und um vielleicht damit auch das Selbstbewusstsein der Gartenstadtanhänger zu stärken, oder ist das eher zufällig?

Schäfers: Ich glaube nicht, dass das zufällig ist. Was Sie ansprechen ist dieser halbkreisförmige Ostendorfplatz mit dem sehr schönen Brunnen in der Mitte, der aber wohl etwas später errichtet wurde.

Nicht von Hans Kampffmeyer, dem Kunstmaler, stammen die Pläne, sondern von Friedrich Ostendorf. Der hatte den städtebaulichen Entwurf gemacht; ich glaube schon, dass das Entrée eine bewusste Anspielung ist. Dieser sehr schön gestaltete Platz mit Brunnen und Café, das damals schon eingerichtet worden ist, mit Geschäften usw. Es muss sichtbar und erfahrbar sein: Jetzt betrete ich die Gartenstadt, und das ist ein eigener Bereich. Da ich einige Familien aus der Gartenstadt kenne, kann ich nur sagen: Ja, die fühlen sich auch so. Da sie Straßenbahnanschluss haben, ist umso mehr Grund, sich auf ihrer ruhigen Wohninsel wohl zu fühlen.

Der Ostendorfplatz – Eingang zur Gartenstadt Karlsruhe-Rüppurr
Der ursprüngliche Bebauungsplan für die Gartenstadt wurde von dem Architekten Friedrich Ostendorf 1912 überarbeitet und realisiert. Der nach ihm benannte Platz ist auch heute noch in seiner Anlage als Halbrund erhalten und bildet den Eingang zur Gartenstadt
Quelle: *Alexa M. Kunz*, Mai 2007

Bertels: Zur Architektursoziologie gehört nicht nur der Raum, sondern auch die Zeit. Das muss man im Zusammenhang sehen. Die Entwicklung der Eisenbahn hat ja eine enorme Wirkung auf unser Zeitverständnis gehab. Die Zeit wird quasi getötet. Heinrich Heine hat das schon beschrieben. Man glaubte, man müsse einem Geschwindigkeitsrausch entgegenwirken. Die Eisenbahnfahrt könnte Krankheit hervorrufen, weil die bisherigen Dimensionen und Erfahrungen gesprengt wurden. Heute sind wir bezüglich der Vernichtung von Zeit mit den neuen Informations- und Kommunikationstechnologien einen Schritt weiter. Das kann aber nicht ohne Auswirkungen auf die Städte, beziehungsweise auf das Bild von Städten bleiben. Welches sind die Perspektiven – was meinen Sie?

Schäfers: Eines ist, glaube ich, ganz eindeutig damit verbunden: dass mit diesen neuen Medien, man kann an das *Handy* denken, auch an viele andere Dinge, bereits ein ganz anderes Verhalten von Menschen im öffentlichen Raum gegeben ist. Man muss beobachten, wie die Menschen sich heutzutage im öffentlichen Raum bewegen: sie nehmen einander kaum noch wahr. Sie sprachen vorhin den *Flaneur* an, also den Verhaltenstypen, den die Passagen des 19. Jahrhunderts hervorgebracht haben. Nun konzentriert man sich im öffentlichen Raum auf sich und den Partner, der gerade *online* ist. Das *Handy* und viele andere Medien tragen dazu bei, dass der öffentliche Raum auch immer mehr zu einem Element von Eventkultur wird. Wir haben solche Umgestaltungen des öffentlichen Raumes, und die sind zum größten Teil ohne diese neuen Medien überhaupt nicht denkbar.

Es werden heute über diese Medien aber auch Verbindungen hergestellt, neue Gruppen und Gruppensolidaritäten, die den eigenen Wohnplatz überspringen. Die Medien führen dazu, dass wir ganz neue Formen von Gemeinschaft, auch Ad-hoc-Gemeinschaften, Solidargemeinschaften, kreieren können. Die Auswirkungen sind sicher schon erheblich – bis zu den Nachbarschaftsverhältnissen, weil man nun über diese neuen Medien auch ganz anders handlungsfähig ist. Sie sehen, ich möchte auch das Positive hervorheben, weil die Individuen durch neue Medien auch handlungsfähiger und autonomer werden.

Bertels: Ich würde das gerne noch mal aufgreifen, dass die Menschen vermutlich handlungsfähiger werden. Manche Soziologen sprechen von einer Bürgergesellschaft. Gleichwohl ist der Partizipationsgedanke – eigentlich ein alter Gedanke – schon in der mittelalterlichen Stadt durch das aufkommende Bürgertum hervorgebracht worden. Heute hat er eine andere Bedeutung erlangt. Welche Bedeutung würden Sie dem bei Stadtentwicklungsprozessen, bei Rekonstruktions- und Sanierungsprozessen beimessen?

Schäfers: Eine sehr große Bedeutung. Aber ich glaube, der Partizipationsgedanke, der ja deutlich in die 1960er Jahre verweist und der ja Teil einer erstrebten grundlegenden gesellschaftlichen Reform war: mehr Demokratie wagen, mehr Partizipation wagen, auch am Arbeitsplatz –wird zum Teil rückgängig gemacht. Das hat damit zu tun, dass die Bauherren heute andere sind. Wir wohnen in Baden-Baden und da wird es deutlich, dass es eine Anonymisierung von Bauherren gibt; man kommt da nicht heran. Das sind, zumal in großen Städten, anonyme Geldgeber, häufig ausländische Investoren, die mit dem Ort, außer einem Kapitalinteresse, nicht viel zu tun haben.

Eine breite Partizipationsbewegung wie um das Jahr 1970, als das Städtebauförderungsgesetz, das 1971 verabschiedet wurde, in der Diskussion war, die haben wir heute leider so nicht mehr. Die ganzen Modelle, die damals durchprobiert wurden, hatten immer eine große öffentliche Aufmerksamkeit. Eines der ersten war ja wohl Steilshoop in Hamburg, für eine große Neubausiedlung. Welches sind die künftigen Bewohner, so wurde gefragt, und ob sie im Gebäude oder auf dem Gebäude Gemeinschaftseinrichtung haben wollen. Man hat ja damals auch bewusst für soziale Durchmischung geplant. Dies wie anderes hat so nicht funktioniert, aber man musste es versuchen.

Heute scheint der Partizipationsgedanke vor allem bei den Bauherrenmodellen zu funktionieren; es sind zum Teil schon die Angehörigen der älteren Generation, die sich da beteiligen, die sich zusammentun und einen Architekten beauftragen und dann in langen Diskussionsprozessen eben für mehrere Häuser oder ein ganzes Areal etwas bauen. Das finde ich sehr gut, aber insgesamt scheint mir der Partizipationsgedanke, wie ja auch der Mitbestimmungsgedanke, immer mehr unter das Diktat von Kapital und Investoren gedrängt zu sein.

Bertels: Herr Schäfers, Sie hatten schon anfänglich gesagt, dass man eine Disziplin immer in Abhängigkeiten sehen sollte, was für die Soziologie ja auch insgesamt gilt. Aber hier ist es besonders deutlich. Da spielen Architekten, Investoren, Sozialwissenschaftler und andere zusammen. Wie sehen Sie diese Lernprozesse? Was kann die Architektursoziologie von wirtschaftlichen, baulichen und technischen Erkenntnissen lernen und wie können die anderen Disziplinen von den Erfahrungen und dem Wissen der Architektursoziologie profitieren?

Schäfers: Das ist ein ganz wichtiger Punkt. Denn wenn es der Architektursoziologie, die ja eigentlich noch im Aufbau ist, nicht gelingen sollte, in Lehrplänen auch an den Fakultäten für Architektur der Universitäten, der THs und Fachhochschulen, irgendwie Fuß zu fassen, dann werden wir keinen Erfolg haben. Wir müssen da Fuß fassen, wo geplant und wo gebaut bzw. hierfür ausgebildet wird. Und das heißt, wir müssen das Gespräch mit den Architekten und Stadtplanern suchen, das ja um 1970 schon mal ungemein intensiv war. Damals sind seitens der Soziologen auch Fehler gemacht worden. Es waren Anmaßungen, dem Architekten zu sagen, er dürfe kein Kapitalknecht sein, oder wie er bauen muss, wenn er für die freie und emanzipierte Gesellschaft bauen soll. Die Architekten haben sich ja damals, wie viele Stadtplaner, man kann das mit Namen versehen, wieder auf sich selbst und ihr eigentliches Arbeitsgebiet, den Entwurf, zurückgezogen. Und so habe ich es hier in Karlsruhe auch erlebt, bis auf einige Kollegen, die waren und sind interessiert an der Zusammenarbeit mit der Soziologie. Das muss uns gelingen. Die Architektursoziologen – und das habe ich jetzt auch bei der intensiven Beschäftigung mit Architektursoziologie gelernt –müssen nicht herum dilettieren in Fragen der Ästhetik, des Stils usw.; da haben wir die Kunsthistoriker, da haben wir die Bauhistoriker, die sich ja auch immer mehr sozialwissenschaftlichen Fragen annähern. Mit denen müssen wir zusammenarbeiten und von denen müssen wir auch lernen.

Und es ist mein ganz großer Wunsch, dass wir auch bis in die Schulbücher vordringen; das ist ja in anderen Ländern durchaus der Fall. In Deutschland, es gibt Ausnahmen, ob im Kunstunterricht oder in welchem Unterricht auch immer, wird auf die Bedeutung von Architektur, von Stadt, Straße und Platz für das Leben der Menschen kaum hingewiesen. Wir müssen also mit dem, was wir an Erkenntnissen produzieren, in die Schulbücher kommen. Wir müssen, damit architektonisch dann vielleicht auch weniger Schlimmes passiert als gegenwärtig, ein Empfinden für Ästhetik, auch für Schönheit in einem traditionalen Sinne, bei den Kindern wecken, so dass der Protest rechtzeitig stattfinden kann.

Bertels: Wäre es da nicht sinnvoll, auch die Wohnung und die Innenarchitektur mit einzubeziehen? Denn in der Wohnung halten sich die Menschen im Grunde am längsten auf. Ist es nicht nahe liegend, den von der Anschauung und Erfahrung her wichtigen Ausgangspunkt zu nutzten?

Schäfers: Ja, hier kann man ja ruhig einen Namen nennen: das Diktat der Ikea-Kultur. Ich will ja nicht bestreiten, dass es da auch sinnvolle Dinge gibt. Wir haben hier in einem Seminar einmal die Kataloge studiert; ein von außen komplett vorgefertigter Stil und Geschmack drängten sich auf:

mal ländlich, bayrisch, mal schwedisch oder wie auch immer. Also wir haben, was die Innenarchitektur anbelangt, eine Art Massenkultur. Und nur wenn die Individuen in der Lage sind, ihre Wohnung ganz individuell zu gestalten und auch mit Kunst jedweder Art, über die sie etwas wissen, über die sie den Kindern etwas sagen können, umgehen können, kommen wir zu einer Form von ästhetischer Erziehung, ohne die es nicht geht.

Soviel ich weiß, ist Holland da ein ganzes Stück weiter. Wir haben in Holland, auch in Dänemark, eine breite Diskussion um Architektur, wie früher in Deutschland, als Deutschland architektonisch als führend galt auf der ganzen Welt. Das war die Zeit um 1900, von Deutschem Werkbund und Bauhaus, die Zeit bis in die 1920er Jahre. Dann haben Franzosen und Schweizer dieses Konkurrenzunternehmen der *CIAM*, den *Congrès Internationaux d'Architecture Moderne,* ins Leben gerufen. Deutschland war zunächst führend, was die Entwicklung des Internationalen Stils anbelangt. Wir hatten eine breite Diskussion um Wohnung und Haus. Die berühmte Weißenhof-Siedlung in Stuttgart, an der Ludwig Mies van der Rohe 1928 ja führend mitgeplant hat, mit ihren Musterhäusern der Moderne, hat eine halbe Million Menschen angelockt. Das zeigt ein brennendes Interesse an der neuen Architektur.

In Berlin, im Tiergarten, soll die Internationale Bauausstellung, die IBA 1957, eine Million Menschen in kurzer Zeit angelockt haben. Vielleicht müssen neben den Schulen diese Themen auch mehr Raum in den Medien haben. Davon würde ich mir einiges versprechen. Da habe ich auch schon sehr gute Sendungen über Architektur gesehen, aber nicht oft und nicht ausführlich genug.

Le Corbusier. Villa in der Weißenhofsiedlung, Stuttgart
Das zeitgenössische Foto bringt auch Le Corbusiers Faszination für das Auto als Symbol der technischen Moderne zum Ausdruck. Die Villa ist restauriert und als Museum zugänglich.
Quelle: *Lampugnani, Vittorio Magnano/ Nagel, Wolfgang* (Hg.), Deutsche Architektur im 20. Jahrhundert, Berlin 2000, S. 99.

Bertels: Vielleicht könnte man für diese Frage auch Pierre Bourdieu heranziehen, weil der, was die Einrichtung und den Geschmack angeht – Sie sprachen Ikea an – eine sehr pointierte Vorstellung hat, wenngleich primär auf die französische Gesellschaft bezogen.

Schäfers: Ja, das sehe ich auch so. Bourdieu ist für eine Wohnungs-, auch Stadt-, Raum-, Architektursoziologie unverzichtbar. Ich glaube, dass man mit Bourdieu einen der ganz zentralen Ansätze finden kann. Aber wenn Sie Bourdieu ansprechen… Eines seiner Bücher, der Titel fällt mir jetzt nicht ein, geht über das Einfamilienhaus.

Bertels: Der Einzige und sein Eigenheim…

Schäfers: Ja, er nimmt da den berühmten Buchtitel von Max Stirner aus dem 19. Jahrhundert auf und verbindet die Probleme des Wohnens in diesen suburbanisierten Häusern mit der Eigentumsfrage – ein ganz gravierendes Problem. Denn viele Menschen übernehmen sich mit dem Wohnungs- und Hauseigentum. Ich kenne aus verschiedenen Gründen die Situation in Spanien besser als in Frankreich. Und in Spanien ist das so gravierend, weil über 90% der Wohnungen verkauft werden. Und die junge Generation, die eine Familie gründen will, die gerade in den Beruf kommt, kann die hohen Investitionssummen nicht tragen. Ich habe dieser Tage noch einen Artikel darüber gelesen, der sagte: das ist das gravierendste soziale Problem, das Spanien gegenwärtig hat, dass die junge Generation kein normales Mietverhältnis eingehen kann, sondern über Banken oder wen immer zum Kauf gezwungen wird. Und das bei der hohen Arbeitslosigkeit und der großen Unsicherheit der Berufe, die es in Spanien genauso gibt wie bei uns.

Mit Pierre Bourdieu kann man aber auch fragen: wie werden bestimmte Architektur-, Wohn- und Lebensformen und mit ihnen ein je spezifischer Habitus mit den oft entscheidenden „kleinen Unterschieden" tradiert und wie stabilisieren sich hierüber letztlich Klassenzugehörigkeiten.

Bertels: Herr Schäfers, zum Abschluss noch die Fragen: was sind die zentralen Zukunftsaufgaben der Architektur- und der Stadtsoziologie?

Schäfers: Wir müssen die zum Schluss angesprochenen Eigentumsfragen differenziert aufnehmen, und was sie für das Wohnen und den Hausbesitz, aber auch für die Architektur der Gebäude, bedeuten. Wir müssen mit der Architektursoziologie und mit der Stadtsoziologie eine aktuelle Soziologie betreiben, die den Problemen der Gegenwart ganz dicht auf der Spur ist. Und diese Probleme wechseln mit den gesellschaftlichen Umständen, die sie hervorbringen. Ich glaube, einige davon haben wir angesprochen.

Bertels: Besten Dank für das Gespräch.

Zu den Personen

Hans Paul Bahrdt

In Dresden 1918 geboren, Abitur 1937, achtjährige Militärzeit, Studium der Philosophie und Germanistik in Göttingen, 1947-1948 in Heidelberg, 1952 Studienabschluss mit Promotion, 1952-1955 Forschungsassistent an der Sozialforschungsstelle der Universität Münster in Dortmund, 1955-1958 freiberuflicher Mitarbeiter bei der Badischen Anilin- und Sodafabrik in Ludwigshafen, 1958 Habilitation an der Universität Mainz, 1959-1962 Prof. an der TU Hannover, 1962-1983 Ordinariat für Soziologie an der Georg-August Universität in Göttingen, Direktor des soziologischen Seminars, 1983 emeritiert. Mitgründer und von 1968 bis 1985 Präsident des Soziologischen Forschungsinstituts Göttingen (SOFI).
1979 Preis für Stadtforschung und Städtebau der Fritz-Schumacher-Stiftung
Hans Paul Bahrdt starb 1994 in Göttingen.

Ausgewählte Buchveröffentlichungen
Industriebürokratie. Versuch einer Soziologie des industrialisierten Bürobetriebes und seiner Angestellten, Stuttgart 1958
Die moderne Großstadt. Soziologische Überlegungen zum Städtebau, Reinbek 1961 (Neuauflage 1998, hrsg. von Ulfert Herlyn)
Wege zur Soziologie, München 1966
Humaner Städtebau. Überlegungen zur Wohnungspolitik und Stadtplanung für eine nahe Zukunft, Hamburg 1968
Umwelterfahrung. Soziologische Betrachtungen über den Beitrag des Subjekts zur Konstitution von Umwelt, München 1974
Schlüsselbegriffe der Soziologie. Eine Einführung mit Lehrbeispielen, München 1984
Die Gesellschaft und ihre Soldaten. Zur Soziologie des Militärs, München 1987
Grundformen sozialer Situationen. Eine kleine Grammatik des Alltagslebens, München 1996 (postum), hrsg. von Ulfert Herlyn

Ulfert Herlyn

Ulfert Herlyn, 1936 geboren, Dr. disc. pol., Diplomsoziologe (Freie Universität Berlin), Studium der Soziologie, Sozialpsychologie und Volkswirtschaft an den Universitäten Göttingen, Köln und Berlin. Promotion (1969) und Habilitation (1973) in Göttingen. Von 1963-1973 als wissenschaftlicher Mitarbeiter am Soziologischen Seminar der Universität Göttingen. Zahlreiche empirische Forschungsvorhaben auf dem Gebiet der Stadt- und Regionalsoziologie durchgeführt. Von 1974-2000 Professor für Planungsbezogene Soziologie an der Universität Hannover, seitdem im Ruhestand. Von 1975-1982 Vorsitzender (bzw. stellvertretender Vorsitzender) der Sektion Stadt- und Regionalsoziologie in der Deutschen Gesellschaft für Soziologie. Arbeitsschwerpunkte: Stadtsoziologie, Infrastruktur und Wohnungsforschung.

Ausgewählte Buchveröffentlichungen

Schwonke, Martin; Herlyn Ulfert. Wolfsburg. Soziologische Analyse einer jungen Industriestadt, Stuttgart 1967

Wohnen im Hochhaus, Stuttgart/Bern 1970

Großstadtstrukturen und ungleiche Lebensbedingungen in der Bundesrepublik, (Hrsg.) Frankfurt a.M. 1980

Stadt im Wandel. Eine Wiederholungsuntersuchung der Stadt Wolfsburg nach 20 Jahren. Frankfurt a.M./New York 1982 (mit Ulrich Schweitzer, Wulf Tessin, Barbara Lettko)

Wohnverhältnisse in der Bundesrepublik, Frankfurt a.M. (2. Aufl.) 1983 (mit Ingrid Herlyn)

Leben in der Stadt. Lebens- und Familienphasen in städtischen Räumen, Opladen 1990

Ostdeutsche Wohnmilieus im Wandel, Berlin 1994 (hrsg. mit Bernd Hunger)

Stadt im Umbruch: Gotha. Wende und Wandel in Ostdeutschland, Opladen 1994 (hrsg. mit Lothar Bertels)

Segregation in ostdeutschen Städten, Opladen 1998 (mit Annette Harth und Gitta Scheller)

Faszination Wolfsburg 1938-2000, Opladen 2000 (mit Wulf Tessin)

Wolfsburg: Stadt am Wendepunkt. Eine dritte soziologische Untersuchung, Opladen 2000 (mit Annette Harth, Gitta Scheller, Wulf Tessin)

Hartmut Häußermann

Häußermann, Hartmut, geboren 1943, Studium ab 1964 an der Freien Universität Berlin, 1967 Vorsitzender des Allgemeinen Studentenausschusses, 1970 Dipl.-Soz., 1975 Dr. rer. pol., 1976-1978 Prof. an der Universität Kassel, 1978-1993 Prof. an der Universität Bremen, seit 1993 Professor für Stadt- und Regionalsoziologie im Institut für Sozialwissenschaften der Humboldt-Universität zu Berlin.

2002-2006 Präsident des Research Committee on Regional and Urban Development der International Sociological Association (ISA).

1994 zweiter Preis der Thyssen-Stiftung für den besten sozialwissenschaftlichen Aufsatz in einer deutschen Fachzeitschrift (mit Manfred Küchler), 2003 Preis der Schader-Stiftung (mit Walter Siebel) und Fritz-Schumacher Preis der Toepfer-Stiftung. Seit 1999 Mitglied der Deutschen Akademie für Städtebau und Landesplanung und der Akademie für Raumforschung und Landesplanung.

1995 Leiter der Evaluation des Bund-Länder-Programms „Die Soziale Stadt"

Ausgewählte Buchveröffentlichungen
Neue Urbanität, Frankfurt a.M. 1987 (mit Walter Siebel)
Großstadt. Soziologische Stichworte, (Hrsg.) Opladen 1998
Soziologie des Wohnens: Eine Einführung in Wandel und Ausdifferenzierung des Wohnens, Weinheim/München 2000 (mit Walter Siebel)
Berlin: von der geteilten zur gespaltenen Stadt? Sozialräumlicher Wandel seit 1990, Opladen 2000 (mit Andreas Kapphan)
Stadtsoziologie. Eine Einführung, Frankfurt a.M./New York 2004 (mit Walter Siebel)
Stadtpolitik. Frankfurt a. M. 2008 (mit Dieter Läpple und Walter Siebel)

Bernhard Schäfers

In Münster/Westf. 1939 geb.; 1965 Diplom, 1967 Promotion und 1970 Habilitation für Soziologie. 1965-1971 Wiss. Assistent und Abteilungsleiter im Zentralinstitut für Raumplanung an der Universität Münster; 1971-1977 a.o. Prof. für Soziologie an der Erziehungswissenschaftlichen Hochschule Rheinland-Pfalz, Abt. Landau; danach o. Prof. für Soziologie an der Universität Göttingen. 1983 bis zur Emeritierung April 2007 Leiter des Instituts für Soziologie an der Universität Karlsruhe (TH); dort Zweitmitglied der Fakultät für Architektur. Vorsitzender der Deutschen Gesellschaft für Soziologie 1991/92.

Veröffentlichungen auf den Gebieten Stadt und Raum, Architektur und Planung

Bodenbesitz und Bodennutzung in der Großstadt. Eine empirisch-soziologische Untersuchung am Beispiel Münster, Bielefeld 1968

Planung und Öffentlichkeit. Drei soziologische Fallstudien: kommunale Neugliederung, Flurbereinigung, Bauleitplanung, Düsseldorf 1970

Stadtentwicklung im Spiegel der Stadtsoziologie. Beiträge seit 1970, Konstanz 2006; darin u.a.: Soziologie als missdeutete Stadtplanungswissenschaft (1970); Anmerkungen über den Beitrag der Soziologie zur Stadtplanung und Raumplanung (1973); Soziale Strukturen und Prozesse bei der Sanierung von Innenstadtbezirken (1974); Phasen der Stadtbildung und Verstädterung (1977); Stadt und Kultur (1988); Stadtsoziologie in der Bundesrepublik Deutschland (1988); Die Stadt in Europa als Ursprung von Modernisierungsprozessen (2002); Ansprüche der demokratisch verfassten Gesellschaft an den öffentlichen Raum (2003).

Leitbilder der Stadtentwicklung. Wandel und jetzige Bedeutung im Expertenurteil, Pfaffenweiler 1989 (mit Gabriele Köhler)

Die Stadt in Deutschland. Soziale, politische und kulturelle Lebenswelt, Opladen 1996 (hrsg. mit Göttrik Wewer)

Architektursoziologie. Grundlagen – Epochen –Themen, 2. Aufl. Wiesbaden 2006

Stadtsoziologie. Stadtentwicklung und Theorien – Grundlagen und Praxisfelder, Wiesbaden 2006 (Mitarbeit Alexa M. Kunz)

mit Alexa M. Kunz, Architektur und Stadt im Film, in: Markus Schroer (Hrsg.), Gesellschaft im Film, Konstanz 2008, S. 14-48

Architektursoziologie. Zur Geschichte einer Disziplin, in: Joachim Fischer, Hrsg., Die Architektur der Gesellschaft, 2008 (im Erscheinen)

Lothar Bertels (Herausgeber)

Geboren 1949, Steinmetz- und Steinbildhauer, Studium Raumplanung und Wirtschafts- und Sozialwissenschaften an der Universität Dortmund (TU), 1975 Dipl.Ing., 1975-1977 Wissenschaftlicher Mitarbeiter am Institut für Landes- und Stadtentwicklungsforschung in Dortmund, 1978-1980 Verwaltungsangestellter, 1980-1985 Wissenschaftlicher Angestellter im Lehrgebiet Berufliche Weiterbildung der FernUniversität in Hagen, ab !985 Wissenschaftlicher Angestellter im Lehrgebiet Allgemeine Soziologie, 1986 Promotion, 1997 Ruf auf eine Professur für Soziologie an der Fachhochschule Neubrandenburg, 1997 Habilitation an der FernUniversität in Hagen, Privatdozent, 2000 Ernennung zum Professor für Soziologie an der Staatlichen Universität Smolensk (RUS), 2003 Dr. phil. h. c. der Staatlichen Universität Smolensk, apl. Prof. an der FernUniversität in Hagen. Seit 2004 Sachverständiger in Demographiekommissionen auf Bundes- und Landesebene. Forschungsschwerpunkte: Gemeindestudien, Wohnquartiere, Sicherheit in Öffentlichen Räumen, Demographie, Lebensläufe. Langjährige Mitarbeit in Initiativen und als (parteiloses) Ratsmitglied in Hagen.

Ausgewählte Buchveröffentlichungen
Neue Nachbarschaften, Frankfurt a.M. 1987
Lebenslauf und Raumerfahrung, Opladen 1990 (hrsg. mit Ulfert Herlyn)
Gemeinschaftsformen in der modernen Stadt, Opladen 1990
Stadt im Umbruch: Gotha, Opladen 1994 (hrsg. mit Ulfert Herlyn)
Die dreiteilige Großstadt als Heimat, Opladen 1997
Stadtentwicklung Gotha: 1990-2000, Opladen 2002 (hrsg. mit Ulfert Herlyn)
Soziale Transformationen 2002 ff., Smolensk (hrsg. mit A. Jegorov u.a.)

Theorie

Dirk Baecker (Hrsg.)

**Schlüsselwerke
der Systemtheorie**
2005. 352 S. Geb. EUR 24,90
ISBN 978-3-531-14084-1

Ralf Dahrendorf

Homo Sociologicus
Ein Versuch zur Geschichte,
Bedeutung und Kritik der Kategorie
der sozialen Rolle
16. Aufl. 2006. 126 S. Br. EUR 14,90
ISBN 978-3-531-31122-7

Shmuel N. Eisenstadt

**Die großen Revolutionen und
die Kulturen der Moderne**
2006. 250 S. Br. EUR 34,90
ISBN 978-3-531-14993-6

Shmuel N. Eisenstadt

Theorie und Moderne
Soziologische Essays
2006. 607 S. Geb. EUR 49,90
ISBN 978-3-531-14565-5

Axel Honneth /
Institut für Sozialforschung (Hrsg.)

**Schlüsseltexte der
Kritischen Theorie**
2006. 414 S. Geb. EUR 29,90
ISBN 978-3-531-14108-4

Niklas Luhmann

Beobachtungen der Moderne
2. Aufl. 2006. 220 S. Br. EUR 24,90
ISBN 978-3-531-32263-6

Uwe Schimank

**Differenzierung und Integration
der modernen Gesellschaft**
Beiträge zur akteurzentrierten
Differenzierungstheorie 1
2005. 297 S. Br. EUR 27,90
ISBN 978-3-531-14683-6

Uwe Schimank

**Teilsystemische Autonomie
und politische Gesellschafts-
steuerung**
Beiträge zur akteurzentrierten
Differenzierungstheorie 2
2006. 307 S. Br. EUR 29,90
ISBN 978-3-531-14684-3

Ilja Srubar / Steven Vaitkus (Hrsg.)

**Phänomenologie
und soziale Wirklichkeit**
Entwicklungen und Arbeitsweisen
2003. 240 S. Br. EUR 25,90
ISBN 978-3-8100-3415-1

Erhältlich im Buchhandel oder beim Verlag.
Änderungen vorbehalten. Stand: Januar 2008.

www.vs-verlag.de

VS VERLAG FÜR SOZIALWISSENSCHAFTEN

Abraham-Lincoln-Straße 46
65189 Wiesbaden
Tel. 0611.7878-722
Fax 0611.7878-400